A Catalogue of Greek Verbs, Irregular and
Defective, Their Leading Tenses and
Dialectic Inflections, Arranged in a Tabular
Form; With an Appendix, Containing
Paradigms for Conjugation, [etc.]

A CATALOGUE

OF

GREEK VERBS,

Irregular and Defective,

THEIR

LEADING TENSES AND DIALECTIC INFLECTIONS,

ARRANGED IN A TABULAR FORM;

WITH AN

APPENDIX, CONTAINING PARADIGMS FOR CONJUGATION, &c.

BY

JAMES SKERRETT BAIRD,

TRINITY COLLEGE, DUBLIN,
AUTHOR OF THE "CLASSICAL MANUAL."

NEW EDITION.

London:
GEORGE BELL AND SONS,
YORK STREET, COVENT GARDEN.
1880.

Cambridge:
PRINTED BY C. J. CLAY, M.A.
AT THE UNIVERSITY PRESS.

TO THE RIGHT REVEREND

JAMES HENRY,

LORD BISHOP OF GLOUCESTER AND BRISTOL,

𝔗𝔥𝔦𝔰 𝔚𝔬𝔯𝔨

IS, BY PERMISSION, INSCRIBED

BY HIS LORDSHIP'S

MOST HUMBLE AND OBEDIENT SERVANT,

JAMES SKERRETT BAIRD.

PREFACE.

NOTWITHSTANDING the existence of the admirable works of Buttmann and of other distinguished Writers on the subject of the Greek Verb, it will be readily admitted by those engaged in Tuition that a work is still wanting which would supply the Student with the leading tenses of the principal Irregular Verbs occurring in the Greek classical writers, in a conspicuous form, and unencumbered by references and philological disquisition.

To meet this recognized want the present work has been prepared. No labour or expense has been spared in its compilation; the best writers have been freely consulted, and care has been taken to insert those tenses only which are actually in use, or for which good authority has been found. Some formations from later writers have occasionally been introduced, but they are uniformly distinguished from pure forms by the letter L. The chief dialectic changes have been given, as well as every information, by way of note, which limited space would admit or usefulness suggest. A copious Appendix has been supplied, which, it is hoped, will prove of considerable service, as it not only furnishes Paradigms for reference, but also Rules for Formation of Tenses, Remarks on Augment and Reduplication, and the chief Dialectic Inflections of the Defective Verbs of most frequent occurrence.

As the price of the works which have appeared, on the Greek Verb, has to some extent impeded their general use in Schools, the Author trusts that the moderate price of the present work, when compared with those of a similar class, will ensure for it a general introduction into those Schools in which the language of Ancient Greece is a prominent study.

In the compilation frequent reference has been made (as before stated) to the best writers; but the Author is particularly indebted to the works of Buttmann, Matthiæ, Veitch, Krüger, Kuhner, and Passow; all of which he would earnestly commend to the attentive perusal of the Student who would study fully the subject of the Irregular Greek Verb.

CHELTENHAM, *January,* 1853.

In the present edition great pains have been taken to make the list accurate and complete. Several errors have been corrected and some words added.

INTRODUCTORY NOTE.

THE following Catalogue is divided into *Two* Parts. The First contains, in a Tabular form, the most prominent Verbs; the Second the Verbs of less frequent occurrence, or those used in but few tenses.

It has not been deemed requisite to supply in every case the *Imperfect* Indicative, and 1 *Aorist* Middle (except when irregularities exist), as their formation can easily be obtained from the rules given in the Appendix.

The Imperfect and 1st Aorist forms ending in -εσκον, -ασκον, and termed frequentative, as implying a frequently-repeated action, have only occasionally been given: when not found in the Catalogue, their distinguishing form will at once enable the Student to refer them to the proper tense.

ABBREVIATIONS.

Att.	=	Attic.
Dor.	=	Doric.
Ep.	=	Epic.
Ion.	=	Ionic.
Æol.	=	Æolic.
Poet.	=	Poetic.
Freq.	=	Frequentative.
M.	=	Middle (Voice).
L.	=	Late (i. e. not used in purer writers).
r.	=	rare.

CONTENTS.

	PAGE
GREEK VERBS, Part I.	2
,, ,, Part II.	57
APPENDIX:—General Rules for the Formation of Tenses (Active Voice)	64
Passive Voice	66
Middle Voice	ib.
Contract Verbs	67
Verbs in μι	ib.
Augment	68
Compound Verbs	69
Reduplication	70
Attic Reduplication	ib.
Syncopated Perfects	71
List of Syncopated Perfects	ib.
Paradigms of Conjugation.—Active Voice	72, 73
,, ,, Passive and Middle Voices	74, 75
Contract Verbs	76, 77
Verbs in μι.—Active, Passive, and Middle Voices	78, 79
Verbs with Second Aorist like Verbs in μι	80
Verbs in μι which annex the Syllable νυ or ννυ to the original Root	81
Root ending with a Consonant	ib.
εἰμί, I am.—εἶμι, I go	82, 83
ἵημι, I send	84
φημί, I say.—ἴσημι, I know	85
κεῖμαι, I lie.—ἧμαι, I sit	86

GREEK VERBS.

ἀγάλλω—ἁλίζω.

VERBS.	English	Future.	Perfect.	Perf. pass.	1st Aorist.	2nd Aorist.	2nd Perfect.	Remarks, &c.
ἀγάλλω	adorn	ἀγαλῶ	.	.	ἤγηλα	.	.	1st aor. inf. ἀγῆλαι
ἀγάομαι	admire	ἀγάσομαι (σω) Ep.	.	.	ἠγασάμην, ἠγάσθην	.	.	Pres. and imp. like ἵσταμαι, collateral pres. ἀγάομαι and ἀγαίομαι, 2 pl. pr. ἀγάασθε
ἀγγέλλω	announce	ἀγγελῶ -έω, Ion. -ῶ, Dor.	ἤγγελκα	ἤγγελμαι	ἤγγειλα, ἠγγέλθην ——, Dor.	ἤγγελον ἤγγελην, L.	.	.
ἀγείρω	collect	ἀγερῶ	.	ἀγήγερμαι	ἤγερσα, ἠγέρθην	ἀγερόμην	.	3 pl. perf. p. ἀγηγέραται, plup ἀγηγέρατο, 3 pl. 1 aor. p. ἠγέρθεν, 2 aor. sync. ἀγρόμενος, 3 sing. 1 aor. Ep. ἀγρόσασκε
ἀγνοέω ἀγνοιέω, Ep.	} not to know	ἀγνοήσω -ομαι	ἠγνόηκα	ἠγνόημαι	ἠγνόησα, ἀγνοίησα, Ep. ἠγνοιήθην	.	.	.
ἀγνύμι	break	ἄξω	.	ἔαγμαι	ἔαξα, ἦξα, Ep.	.	ἔαγα, Ion. ἔηγα	1st aor. part. ἄξας and ἐάξας 3 pl. aor. 2 p. ἄγεν, Ep. F. pass. ἀχθήσομαι
ἄγω	lead	ἄξω ἀξῶ, Dor.	ἦχα, ἀγήοχα	ἦγμαι	ἦξα, ἤχθην	ἄγην, r. ἤγαγον	.	.
ἀγωνίζομαι	contend	ἀγωνιοῦμαι	.	ἠγώνισμαι	ἠγωνισάμην, ἠγωνίσθην	ἠγαγόμην	.	3 perf p. pl. Ionic ἀγωνίδαται
ᾄδω	sing	ᾄσω, ᾁσομαι	.	ᾖσμαι	ᾖσα, ῥσθην	.	.	Poet. for ἀείδω, Imp. ᾖδον
ἀείδω	sing	ἀείσω, Dor.	.	.	.	.	.	See ᾄδω
αἰδέομαι	fear, feel shame	αἰδέσομαι	.	ᾔδεσμαι	ᾐδεσάμην, αἰδεσσάμην, ᾐδέσθην	.	.	Poet. αἴδομαι, 3 pl. p. 1 aor. αἰδεσθεν
αἰκίζομαι	plague	αἰκίσομαι -ιοῦμαι, Att.	.	ᾔκισμαι	ᾐκισάμην, ᾐκίσθην	.	.	.
αἰνέω	praise	αἰνέσω -ήσω, Ep.	ᾔνεκα	ᾔνημαι	ᾔνεσα, ᾐνέθην	.	.	Pindar also uses αἰνήσω, aor. -ησα Pres. Att. αἰνέττομαι
αἰνίσσομαι	speak darkly	αἰνίξομαι	.	ᾔνιγμαι	ᾐνιξάμην, ᾐνίχθην	.	.	.
αἱρέω	take	αἱρήσω, ἑλῶ	ᾕρηκα ἀραίρηκα, Ion.	ᾕρημαι ἀραίρημαι, Ion.	ᾕρησα, L. ᾑρέθην	εἷλον	.	F. pass. αἱρεθήσομαι, p-p. fut. πεπίσομαι, inf. 2 a. ἑλ...

		ἀρῶ	ἦρκα	ἦρμαι	ἦρα, ἤρθην	ἀρόμην	F. pass. ἀρθήσομαι, aor. 1 subj. ἄ"ρω, 3 sing. plup. p. ἄωρτο
αἴρω	raise						
αἰσθάνομαι	perceive	αἰσθήσομαι		ᾔσθημαι	ᾐσθόμην, L. ᾐσθάνθην		Pres. αἰσθομαι, raro
ἀΐσσω -ττω	rush	ἀΐξω			ᾖξα, ᾔχθην		Inf. aor. 1 ἀΐξασθαι, Att. ἄσσω, -ττω, aor. ᾖξα
αἰσχύνω	disgrace	αἰσχυνῶ	ᾔσχυγκα, L	ᾔσχυμμαι	ᾔσχυνα, ᾐσχύνθην		F. pass. αἰσχυνθήσομαι
αἰτιάομαι	blame, accuse	αἰτιάσομαι		ᾐτίαμαι	ᾐτιασάμην, ᾐτιάθην		F. pass. αἰτιαθήσομαι, 3 pl. imp. Epic ᾐτιόωντο
ἀκαχίζω	grieve	ἀκαχήσω		ἀκάχημαι & ἀκήχεμαι ἀκάχηται			ἀκάχνμαι, 3 pl. perf. ἀκηχέδαται, inf. ἀκάχησθαι
ἀκούω	hear	ἀκούσομαι ἀκούσω, L.	ἀκήκοα, Dor. ἄκουκα, L.	ἀκούσμαι ἀκήκουσμαι	ἤκουσα, ἠκούσθην	ἠκαχόμην	ἀγουμαι, 3 pl. plup. ἀκαχείατο F. pass. ἀκουσθήσομαι Pl. per. 2 ἠγρόμεν
						ἀκήκοα	
ἀκροάομαι	hear, listen to	ἀκροάσομαι		ἠκρόαμαι	ἠκροασάμην		
ἀλάομαι	wander	ἀλήσομαι?		ἀλάλημαι	ἠλήθην, ἀλήθην, Poet.		Perf. part. p. ἀλαλημένος
ἀλγύνω	vex	ἀλγυνῶ			ἤλγυνα, ἠλγύνθην		
ἀλείφω	anoint	ἀλείψω	ἤλοιφα ἀλήλιφα ἀλήλειφα	ἀλήλιμμαι	ἤλειψα, ἠλείφθην	ἠλίφην	F. pass. ἀλειφθήσομαι, 3 perf. p. s. ἀλήλειπται (Lucian)
ἀλέξω	ward off	ἀλέξησω	ἀλήλεκα		ἤλεξησα, ἤλεξα	ἤλεξον ἄλαλκον (r).	Inf. aor. 1 ἀλέξασθαι
ἀλεύω ἀλέω	avert	ἀλεύσω ἀλέσω			ἤλευσα ἤλεσα, ἠλέσθην -εμαι		1 aor. mid. ἠλευάμην
ἀλθήσκω	heal	ἀλθῶ, Att. ἀλθήσω		ἀλήλεσμαι -εμαι ἤλεσμαι, L. ἤλθησα			F. pass. ἀλθήσομαι. Other forms ἄλθομαι, ἀλθ-αίνω, -ίσκω, -αύσω; -εύω
ἀλίζω	collect	ἀλίσω		ἠλισμαι	ἤλισα, ἠλίσθην		

ἀλίνδω—ἀπέχθομαι.

VERBS. English.	Future.	Perfect.	Perf. pass.	1st Aorista.	2nd Aorista.	2nd Perfect.	Remarks, &c.
ἀλίνδω -έω ἀλίω roll	ἀλίσω	ἤλικα	. . .	ἤλισα	. . .	. . .	Perf. pass. part. ἀλινδημένος
ἁλίσκομαι am taken	ἁλώσομαι	ἕαλωκα ἥλωκα ἅλωκα, Dor.	. . .	. . .	ἑάλων, ἥλων	. . .	Act. supplied by αἱρέω. Subj. 2 a. ἁλῶ, ᾧς, &c. Opt. ἁλῴην, Ion.
ἀλιταίνω sin	ἀλιτήσω	. . .	ἠλιτημαι	ἀλίτησα, r.	ἤλιτον ἀλιτόμην ἀλλάχην	. . .	Anomalous part. ἀλιτήμενος
ἀλλάσσω change -ττω	ἀλλάξω	ἤλλαχα	ἤλλαγμαι	ἤλλαξα, ἠλλάχθην	. . .	. . .	
ἄλλομαι leap	ἀλοῦμαι -οῦμαι, Dor. ἀλοῦσαι, ἀλοῦμαι	. . .	ἥλομαι	ἡλάμην, (ἁ) Dor.	ἡλόμην	. . .	Syncop. 2 aor. m. ἆλσο, ἆλτο, part. ἄλμενος
ἀλοάω thrash ἁμαρτάνω err	ἁμαρτήσομαι	ἡμάρτηκα	ἡμάρτημαι	ἠλόησα, ἠλοίησα, Ep. ἡμάρτησα, L. ἡμαρτήθην	ἥμαρτον	. . .	2 aor. Ep. ἤμβροτον
ἀμβλίσκω miscarry ἀμβλύνω blunt ἀμείβω change	ἀμβλώσω ἀμβλυνῶ ἀμείψω	ἤμβλωκα	ἤμβλωμαι ἤμβλυμμαι ἤμειπται	ἤμβλωσα, ἠμβλώθην ἤμβλυνα, ἠμβλύνθην ἤμειψα, ἠμείφθην	ἤμβλων	. . .	Aor. 2 dec. like ἔγνων Aor. 1 also ἄμειψα and ἀμείφθην
ἀμείρω deprive ἀμπέχω wrap round -ίσχω ἀμύνω ward off -έω, Ion.	ἀμέρσω ἀμφέξω ἀμυνῶ	. . .	. . .	ἤμερσα, ἠμέρθην ἤμυνα	ἠμπισχον ἠμπισχόμην	. . .	Imp. ἀμπεῖχον, Ep. ἄμπεχον
ἀμφιέννυμι clothe -έω, Att. ἀμφισβητ- dispute τέω	ἀμφιέσω -ιῶ, Att. ἀμφισβητήσω	ἠμφισβή- τηκα	ἠμφίεσμαι ἀμφιέσμαι.P. ἠμφισβήτημαι ἀμφιβέβημαι P.	ἠμφίεσα, ἀμφίεσα, P. ἠμφισβήτησα or ἠμφεσβήτησα ἠμφισβητήθην	. . .	. . .	Imp. ἠμφισβήτουν or ἠμφεσβήτουν

ἀναλίσκω consume ἀναλόω	ἀναλώσω	ἀνάλωκα ἀνήλωκα ἤ- ἄδηκα	ἀνάλωμαι ἤ-	ἀνάλωσα, ἀνάλωθην ἀπ- ἀνη-	. . . .	. . . .	Imp. ἀνήλισκον, ἀνάλουν, F. pass. ἀναλωθήσομαι
ἀνδάνω please	ἁδήσω	. . . .	. . . .	ηὐδρατοδισάμην ηὐδραποδίσθην	εὖαδον, ἄδον εὖαδον, Ep.	ἕαδα ἕαδα, Dor.	Imp. ἥνδανον, εὑήδανον, ἑάν-δανον
ἀνδραπο- enslave δίζω	ἀνδραποδιῶ	. . . .	ἠνδραπό-δισμαι ἠνίημαι	ηὐδραποδίσθην ηὐδάσα, -νσα, Ion. ἠνάθην ἱνηξ-, Ion.	. . . .	. . . .	
ἀνύω vex	ἀνύσω -σσω, Ion.	. . . .					
ἀνοίγνυμι open ἀνοίγω	ἀνοίξω	ἀνέῳχα	ἀνέῳγμαι ἀνοίγμαι	ἀνέῳξα, ἀνεώχθην ἠνοίξα, ἠνοίχθην, L. ἀνέξα ἀνοίξα, Ion.	ἠνοίγην, L.	ἀνέῳγα	Imp. ἀνέῳγον, ἤνοιγον. Ep. ἀνῷξον. Inf. 1 a. ἀνοίξαι P.-p. f. ἀνεῴξομαι
ἀνορθόω set upright ἀντάω meet ἀντιάω	ἀνορθώσω ἀντήσω -ἀσω, Dor. ἀντιά'σω	. . . .	ἠνώρθωμαι	ἠνώρθωσα, ἠνόρθωσα πτ-ρσα -ἀσα, Dor. ἀντιᾶσα ἤνοσ-, ἠνόσθην ἠνώξα	. . . .	. . . .	Imp. ἠνώρθουν Imp. ἤντεον, Ionic for ἤντωον
ἄνω, ὕτω accomplish ἀνοίγω order	ἀνύω ἀνοίζω	ἤνυκα	ἤνυσμαι	ἤνυσα, ἤνυσθην ἤνυξα	ἤνοίχην	ἀνοίγα	Imp. ἤνωγον, ἄνωγον, 2 Pl.-per. ἤνωγες, 3 sing. ἤνωγει, Imp. ἀνωχθι, and 3 per. s. ἀνωχθω
ἀπαντάω meet	ἀπαντήσομαι -σω, L.	ἀπήντηκα	ἀπήντημαι	ἀπήντησα, ἀπηντήθην	. . . .	. . . .	
ἀπαφίσκω take away	ἀπαφήσω	. . . .	. . . .	ἀπάφησα, r.	ἤπαφον	. . . .	
ἀπεχθάνω- am hated μαι ἀπέχθομαι	ἀπεχθήσομαι	. . . .	ἀπήχθημαι	ἀπηχθήθην	ἀπηχθόμην	ἀπήχθα	Imp. ἀπηχθον, ἀπηχθας, ἀπ-υρα, with aor. signif.

ἀπιστέω—βαίνω.

VERBS.	English.	Future.	Perfect.	Perf. pass.	1st Aorists.	2nd Aorists.	2nd Perfect.	Remarks, &c.
ἀπιστέω	disbelieve	ἀπιστήσω	ἠπίστηκα		ἠπίστησα			
ἀπολαύω	enjoy	ἀπολαύσομαι -σω, L.	ἀπολέλαυκα	ἀπολέλαυ- μαι	ἀπέλαυσα, ἀπήλαυσα	ἀπέλαυον, (ἡ) L.		
ἀπολογέο- μαι	make a de- fence	ἀπολογήσομαι		ἀπολελόγη- μαι	ἀπελογησάμην ἀπελογήθην			
ἀπορέω	be at a loss, want	ἀπορήσω	ἠπόρηκα	ἠπόρημαι	ἠπόρησα, ἠπορήθην			Imp. ἠπόρουν
ἀποχράω -έω, Ion.	be sufficient	ἀποχρήσω			ἀπέχρησα			Inf. ἀποχρῆν. Generally im- personal
ἅπτω	fasten	ἅψω		ἧμμαι ἅμμαι, Ion. ἧραμαι	ἧψα, ἥφθην Ep. εὔφθην			
ἀράομαι -ῶμαι,	pray Ion.	ἀράσομαι ἠρήσομαι, Ion.			ἠράσάμην (ἡ) Ion.			ᾱ Epic, ᾱ Attic, Inf. act. ἀρή- μεναι, Odyssey 22, 1. 322
ἀραρίσκω	fit, adapt	ἤρω, ἄρσω, Ion.			ἦρσα, ἤρθην	ἤραρον, ἄραρον	ἄραρα ἄρηρα, Ion.	Imp. freq. ἀράρισκε, 2 aor. mid. part. ἄρμενος, plup. p. ἠρή- ρειμην
ἀράσσω -ττω	strike	ἀράξω			ἤραξα, ἠράχθην			
ἀρέσκω	please	ἀρέσω(σο Poet)	ἀρέρεκα, L.	ἤρεσμαι	ἤρεσα, ἠρέσθην			Perf. 1 pl. sync. ἠρέσταμεν
ἀριστάω	dine	ἀριστήσω	ἠρίστηκα		ἠρίστησα			F. pass. ἀρκεσθήσομαι
ἀρκέω	ward off	ἀρκέσω		ἤρκεσται, L. ἤρμοσμαι	ἤρκεσα, ἠρκέσθην ἥρμοσα, ἡρμόσθην			F. pass. ἁρμοσθήσομαι
ἁρμόζω -οσδω, Dor. -οττω	fit	ἁρμόσω ἁρμ σω(σσ Poet)	ἥρμοκα	ἁρμ—Dor.	ἥρμοσα, ἡρμόσθην ἅρμ—, (ἀp) L.			
ἀρνέομαι	deny	ἀρνήσομαι		ἤρνημαι	ἠρνησάμην, ἠρνήθην			F. pass. ἀρνηθήσομαι
ἀρόω	plough	ἀρ σω(σσ Poet)	ἤροκα	ἀρήρομαι	ἤροσα, ἠρόθην (ἀ) Dor.			Ion. inf. pres. ἀρόμεναι or ἀρόμμεναι

ἁρπάζω	seize	ἁρπάσω	ἥρπακα	ἥρπασμαι	ἥρπασα, ἥρπαοθην ἡρπάχθην		Later fut. ἁρπάξω, aor. ἥρπαξα, p. pass. ἥρπαγμαι, F. pass. ἁρπασθήσομαι
ἁρτύω ἀρύω	prepare draw water	ἀρτύσω ἀρύσω	ἥρτυκα	ἥρτῦμαι	ἥρτυσα, ἠρτύθην ἤρυσα, ἠρύσθην	ἠρπάγην, L.	ὑ Epic, ῦ Attic Imp. ἤρυον, Aor. 1 also ἠρύθην
ἄρχω	command	ἄρξω	ἦρχα	ἦργμαι	ἦρξα, ἤρχθην		F. pass. ἀρχθήσομαι
ἀύω, -ττω αὐαίνω αὐϊάχω, Att. αὐδάω	rush am dry speak	see αύω αὐανῶ			ἤυσα, ἠρξάθην		Imp. ἠυανόμην, F. pass. αὐανθήσομαι Imp. ηὐδων, 1 Aor. mid. ηὐδαξάμην
αὐξάνω αὔξω	increase	αὐξήσω -ησω	ηὔξηκα	ηὔξημαι	ηὔξησα, ηὐξήθην		F. pass. αὐξηθήσομαι, F. mid. αὐξανοῦμαι
αὔω	shout	αὔσω			ηυσα, αὖσα εὕαυσα		Imp. αὖον Imp. εὔαυον
αὔω, ἐναύω ἀφάω ἀφίημι ἀφέεμαι, M.	kindle handle let go	ἀφήσω ἀφήσω	ἀφεῖκα	ἀφεῖμαι	ἠφίοα ἀφῆκα, ἀφῆκα, Ep. ἀφεῖθην, -έθην	ἀφήην, ἀφείμην	Imp. ἀφίην, ἤφιην, 3 pl. Imp. ἠφίεσαν and ἠφίουν, F. pass. ἀφεθήσομαι
ἀφικνέομαι	come	ἀφίξομαι		ἀφῖγμαι	ἀφῖγμαι ἠχθέσθην, L.	ἀφῖκόμην	Ion. ἀπικνέομαι Fut. pass. ἀχθεσθήσομαι, sometimes ἀχθήσομαι
ἄχθομαι	am vexed	ἀχθέσομαι					
(ἄω)	satiate	ἄσω			ἆσα, ἀσάμην		
βαδίζω βαίνω	go go	βαδιοῦμαι βήσομαι βασεῖμαι, Dor.	βεβάδικα βέβηκα -ακα, Dor.	βέβαμαι in compounds	ἐβάδισα ἔβησα -ασα, Dor. ἐβάθην	ἔβην, like ἔστην· ης, η, &c. ἔβαν, Dor.	βέβαα βεβώς, pt. βεβαώς	Fut. βαδίσω, L. and βαδίσομαι 2 aor. imper. βῆθι (βάθι, Dor.), subj. βῶ, opt. βαίην, inf. βῆναι, part. βάς, inf. 2 p. βεβάμην, 1 aor. mid. ἐβησάμην or ἐβήσετο, 3 pl. 2 aor. sync. βᾶν for ἔβησαν

βάλλω—γεγωνέω.

VERBS.	English.	Future.	Perfect.	Perf. pass.	1st Aorist.	2nd Aorist.	2nd Perfect.	Remarks, &c.
βάλλω -έω	throw Ion. & Ep.	βαλῶ -λλήσω	βέβληκα	βέβλημαι -ϐλημαι, Ep.	ἐβάλλησα, ἐβλήθην	ἔβαλον ἔβλην, Ep.	. .	F. pass. βληθήσομαι, p.-p. f. βεβλήσομαι, aor. sync. mid. ἐβλητο, inf. βλῆσθαι, opt. βλείμην, 3 per. pl. perf. p. βεβλήαται.
βάπτω βαρέω	dip load	βάψω βαρήσω	. . βεβαρηώς, Part.	βέβαμμαι βεβαρημέ-νος, Part.	ἔβαψα, ἐβάφθην ἐβαρήθην	ἐβάφην . .	. . . .	. . F. pass. βαρυνθήσομαι
βαρύνω	load	. .	. .	βεβαρημέ-νος, Part.	ἐβάρυνα, ἐβαρύνθην	. .	. .	
βαστάζω	carry	βαστάσω	. .	βεβάσται, L.	ἐβάστασα, ἐβαστά-χθην	. .	. .	
βιάζομαι βίομαι βέβρωσκω eat	force force eat	βιάσομαι βιήσομαι βρόξω, L. βρώσομαι	. . . . βέβρωκε βέβρωκα	βεβίασμαι βέβημαι βέβρωμαι	ἐβιασάμην, ἐβιάσθην ἐβιησάμην, ἐβιήθην ἔβροξα, ἐβρώθην (σ) L.	. . . . ἔβρων, Ep.	. . . . . .	Perf. only in use in Act. F. pass. βρωθήσομαι, L. Part. per. sync. βεβρώς, p.-p. f. βεβρώσομαι, 2 p. opt βε-βρώθοις, Hom.
βιόω	live	βιώσομαι -σω, L.	βεβίωκα	βεβίωμαι usually impers.	ἐβίωσα	ἐβίων	. .	Opt. βιώην, subj. βιῶ, ᾠς, ᾠ, part. βιούς, &c. For pres. and imp. ζάω is used by pure writers.
βλάπτω βλαστάνω sprout -τέω	hurt sprout	βλάψω βλαστήσω	βέβλαφα βεβλάστηκα	βέβλαμμαι . .	ἔβλαψα, ἐβλάφθην ἐβλάστησα	ἐβλάβην ἔβλαστον	. . . .	P.-p. fut. βεβλάψομαι Perf. also ἐβλάστηκα
βλέπω βλώσκω	see go	βλέψω βλάξω, L. μολοῦμαι	βέβλεφα μέμβλωκα	βέβλεμμαι . .	ἔβλεψα, ἐβλέφθην ἔβλαξα, ἐμόλησα	. . ἤμολον	. . . .	
βοάω	call loud	βοήσω, L. βώσω, Dor. βώσομαι, Cont	. .	βεβόημαι	ἐβόησα, ἐβοήθην (a) Dor.	. .	. .	Perf. comm. βέβωμαι. 1 aor. ἐβωσα, ἐβώσθην. Fut. Att. βοήσομαι

βόσκω	feed	βοσκήσω βοσκηθήσομαι, Dor.	.	.	ἐβόσκησα, L. ἐβοσκήθην	.	.
βούλομαι	wish	βουλήσομαι	.	βεβούλημαι	ἐβουλήθην ἠβουλήθην, Att.	Ep. in Comp. προβέβουλα	Imp. ἐβουλόμην and ἠβουλ. N.B. The double augment.
βράζω -σσω -ττω	boil	βράσω	.	βέβρασμαι	ἔβρασα	.	.
βρέχω βρίθω βρόχω	wet am heavy swallow	βρέξω βρῖ́σω βρόξω	βέβροχα ? βέβριθα	βέβρεγμαι βρῖ́σα ἔβροξα	ἔβρεξα, ἐβρέχθην	ἐβράχην	.
βρύχω -κω	grind the teeth	βρύξω	.	.	ἔβρυξα	ἀναβέβρο- χεν, Part.	Generally found in Comp. ἀνα-, &c.
βρυχάομαι	roar	βρυχήσομαι	.	ἐβρυχησάμην ἐβρυχήθην	.	.	1 Aor. part. βρυχθείς
βόνέω βύέω	stop up	βύσω	.	βέβυσμαι	ἔβυσα, ἐβύσθην	βέβρῡχα	.
γαμέω	marry, i.e. take a wife	γαμῶ γαμήσω, L. γαμέω, Ep.	γεγάμηκα	γεγάμημαι	ἔγημα, ἐγάμησα, L. ἐγαμήθην	.	Inf 1 Aor. γῆμαι, Mid. γαμέ- ομαι, to take a husband Fut. γαμοῦμαι, γαμέσομαι, 1 aor. part. p. γαμηθείς
γανύμαι	rejoice	γανύσομαι, Ep.	.	γεγάνυμαι	.	.	.
(γάω), γεγωνέω -νω -ίσκω	become about shout	γεγωνήσω	γέγακα, Dor. γεγώνηκα	.	ἐγεγώνησα	γέγαα γέγωνα	Part. γεγαώς, γεγώς

10   γεύομαι—δέρκομαι.

VERBS.	English.	Future.	Perfect.	Perf. pass.	1st Aorist.	2nd Aorist.	2nd Perfect.	Remarks, &c.
γεύομαι	am born	see γίνομαι			ἐγευάμην			Inf. γεύασθαι
γελάω -όω, Ep.	laugh	γελάσομαι γελάσω, L. γελάξω, D.		γεγέλασται	ἐγέλασα, -ξα, Dor. ἐγελάσθην			F. pass. γελασθήσομαι. Regular part. γελῶν, sometimes resolved into -οων
γεύω	taste	γεύσω		γέγευμαι	ἔγευσα			
γηθέω	rejoice	γηθήσω			ἐγήθησα		γέγηθα	Dor. form α for η, as γαθέω for γηθέω
γηράω γηράσκω	grow old	γηράσω γηράσομαι	γεγήρακα		ἐγήρασα, ἐγήρᾱ	ἐγήραν		Att. inf. Aor. γηρᾶναι, γηράναι, Aor. part. γηράς, Ep.
γηρίω	speak out	γηρίσω			ἐγήρῡσα, ἐγηρῦθην			
γίγνομαι, γίνομαι	be, become	γενήσομαι -σύμαι, Dor.		γεγένημαι	ἐγενήθην	ἐγενόμην	γέγονα Poët. γέγᾱα γέγᾱκα, Dor.	F. pass. γενηθήσομαι. Part. Ep. γεγαώς, Att. γεγώς
γεγνώσκω γινώσκω	know	γνώσομαι	ἔγνωκα	ἔγνωσμαι	ἀνέγνωσα, in Comp. ἐγνώσθην	ἔγνων γνῶν		F. pass. γνωσθήσομαι. Imper. γνῶθι. ἔγνον 3 p. aor. 2 for ἔγνωσαν
γλύφω γοάω	engrave bewail	γλύψω γοήσομαι		γέγλυμμαι	ἔγλυψα, ἐγόησα, L. γοηθείς	ἐγλύφην Ep. γοον		Imp. freq. γοάασκε, Ep. γοήμεναι, Ep.
γράφω	write	γράψω	γέγραφα γεγράφηκα, L.	γέγραμμαι	ἔγραψα, ἐγράφθην	ἐγράφην		F. pass. γραφήσομαι. fut. γεγράψομαι
δαίζω	rend	δαΐξω		δεδάϊγμαι δεδάϊγμαι	ἐδάϊξα, ἐδαΐχθην			Perf. part. p. also δεδαϊσμένος
δαίνυμι -ύω	entertain, feast	δαίσω		δέδαισμαι	ἔδαισα			1 aor. part. P. δαισθείς Imper. 2 Sing. δαίνυ, for -υθι

Present	Meaning	Future	Perfect	Perf. M/P	Aorist	Aor. Pass / 2nd	Perf. 2	Remarks
δαίομαι	divide	δάσομαι	. . .	δέδασμαι δέδαμαι δέδαυμαι δέδηγμαι	ἐδασάμην ἐδάσθην	ἐδάσθην ἐδήχθην	δέδηα	F. pass. δηχθήσομαι
δαίω δάκνω	burn bite	δήξομαι	δέδηα δέδηχα	. . .	. . .	. . .	. . .	
δακρύω δαμάζω δαρθάνω	weep subdue, tame sleep	δακρύσω δαμάσω (σσ) . . .	δεδάκρυκα, L. δεδάμηκα ? δεδάρθηκα	δεδάκρυμαι δέδμημαι	ἐδάκρυσα ἐδάμασα, ἐδαμάσθην ἐδάρθην, L.	ἐδακρύσθην ἐδαμάσθην (ᾱ) Dor. ἐδμήθην, L.	ἐδάσκον δέδυκον ἐδάμην Poet. ἔδραθον ἔδαον, δέδαον	2 Aor. pass. 3 pl. δάμεν for ἐδάμησαν, Ep.
δάω δεδίσκομαι -σσομαι -ττομαι	teach frighten	διδάξομαι δεδίξομαι	δεδίδαχα	δεδίδαγμαι	ἐδιδαξάμην	ἐδιδάχθην	δέδαα ἐδάην	Irr. inf. pres. δεδάασθαι
δεῖ	it is necessary	see δέω						
δειδίσσομαι	frighten	δειδίξομαι	. . .	. . .	δειδιξάμην	. . .	. . .	
δείδω	fear	δείσομαι	δέδοικα δέδοικα, Ep. δέδοιχα	. . .	ἔδεισα (δδ) Ep. ἔδειξα, ἐδείχθην	. . .	δέδια, δείδια, Ep.	Imp. δέδιθι. δ doubled in augmented tenses by Epics.
δείκνυμι -ύω	show	δείξω	. . .	δέδειγμαι δεδειγμαι, Ep.	. . .	. . .	. . .	F. pass. δειχθήσομαι. Ionic forms, ε instead of ει, as fut. δέξω, P.-p. δέδεγμαι, &c.
δειπνέω	sup	δειπνήσω	δεδείπνηκα δεδείπνα, Att.	. . .	ἐδείπνησα	. . .	. . .	Inf. perf δεδειπνάναι
δέμω	build	. . .	δέδμηκα ?	δέδμημαι (ᾱ) Dor.	ἔδειμα	. . .	δέδομα	Pr. only in part. δέμων and Imp. δέμον
δέομαι	ask	δεήσομαι, and δεοῦμαι	. . .	. . .	ἐδεησάμην, L. ἐδεήθην	. . .	. . .	
δέρκομαι	see	δέρξομαι, L.	δέδορκα	. . .	ἐδερξάμην	ἐδράκην ἐδέρχθην	δέδρακον ἐδράκην	

δέρω—έάω.

VERBS.	English.	Future.	Perfect.	Perf. pass.	1st Aorist.	2nd Aorist.	2nd Perfect.	Remarks, &c.
δέρω δέχομαι	flay, beat receive	δερῶ δέξομαι	δέδαρκα	δέδαρμαι δέδεγμαι	ἔδειρα, ἐδάρθην ἐδεξάμην ἐδέχθην	ἐδάρην	δέδορα	P.-p. fut. δεδέξομαι. Inf. sync. Aor. δέχθαι, part. δέγμενος. P.-p. fut. δεδήσομαι. Contraction irregular, Ep. Iter. aor. δρώσκεκο, 1 aor. Ep. δῆσεν.
δέω	bind	δήσω	δέδεκα δέδορα	δέδεμαι δέδεσμαι	ἔδησα, ἐδέθην			F. pass. δεηθήσομαι.
δέω δεύω, Ep.	want, fail	δεήσω δευήσομαι	δέδηκα	δέδεμαι	ἐδέησα, ἐδεήθην ἐδεύησα			F. pass. δεηθήσομαι. Imp. ἔδει. Generally impersonal δεῖ, it behoves. Subj. δέῃ, opt. δέοι, inf. δεῖν. The pass. voice δέομαι is never impersonal. 2 sing. pres. p. δέει
δηλέομαι δηλόω	injure show, manifest	δηλήσομαι δηλώσω	δεδήλωκα	δεδήλημαι	ἐδηλησάμην ἐδήλωσα			P.-p. fut. δεδηλώσομαι. F. pass. δηλωθήσομαι, but also δηλώσομαι
διαιτάω	live, arbitrate	διαιτήσω	δεδιῄτηκα	δεδιῄτημαι	διῄτηρα, ἐδιαίτηρα ἐδιῄτησα, διῄτηθην (αἱ, Dor.) (αι, Ion.)			Imp. διῃτώμην
διακονέω	minister	διακονήσω	δεδιακόνηκα	δεδιακόνημαι	ἐδηκόνηρα & ἐδιακόνησα, ἐδιακονήθην			Imp. ἐδιακόνουν and διηκόνουν
διαλέγομαι διδάσκω	discuss teach	διαλέξομαι διδάξω	διείλεγμαι δέδαχα	διείλεγμαι δεδίδαγμαι	διελέχθην, διελέχθην ἐδίδαξα, ἐδιδάχθην			F. pass. διαλεχθήσομαι. Poet. fut. διδασκήσω, 1 aor. ἐδιδάσκησα
διδράσκω	run away generally in comp. ἀπο, &c.	δράσομαι	δέδρακα	ἔδρασα	ἔδρασα	ἔδραν ἔδρην, Ion.		Imper. δρᾶθι, inf. δρᾶναι, subj. 2 aor. δρῶ, opt. δραίην. Ionics change α into η
δίδωμι	give	δώσω	δέδωκα	δέδομαι	ἔδωκα, ἐδόθην	ἔδων		F. pass. δοθήσομαι. Subj. 2 a.

δίζημαι δίψάω -έω, Ion.	seek thirst	διζήσομαι διψήσω			ἐδιψσάμην, L. ἐδίψησα		Inf. διζῆσθαι This verb contracts by η instead of α, as inf. διψῆν for διψᾷν
δίω, δείδω διώκω	fear pursue	διώξω and διώξ-ομαι					Imp. ἔδυον
δοκέω (δόκω)	seem, appear	δόξω δοκήσω, Poet. (ά) Dor.	δεδόκηκε	δέδογμαι δεδόκημαι	ἔδοξα, ἐδόχθην ἐδόκησα, ἐδοκήθην		Aor. ἐδώκαθον, from διοκάθω, not found Impersonal δοκεῖ, it seems, &c.
δουπέω	sound heavily	δουπήσω			ἐδούπησα and ἐγδούπησα	ἔδουπον	Imp. δούπεον
δράμω δράσσω δράττω	(see τρέχω) seize			δέδραγμαι	ἐδραξάμην		
δράω	do	δράσω	δέδρᾱκα	δέδραμαι δέδρασμαι	ἐδρᾱσα, ἐδράσθην -ησα, Ep.	ἐδραπον	
δρέπω	pluck	δρέψω -εῖμαι, Dor.			ἔδρεψα		
δύναμαι	can, am able	δυνήσομαι		δεδύνημαι	ἐδυνησάμην ἐδυνήθην ἠ̄ ἐδυνάσθην δύνα, L.	ἔδῡν ἐδύν, ἐδύνην, r.	Imp. ἠδυνάμην and ἐδυνάμην, pres. and imp. formed like ἵσταμαι. 2 sing. pres. δύνῃ, for δύνασαι, Dor. ᾳ
δύνω δύω	enter cause to enter	δύσομαι δύσω	δέδυκα δέδυκα	δέδυμαι	ἔδῡσα, ἐδύθην	ἔδῡν	F. pass. δυθήσομαι
δωρέομαι -εω	give, present, permit	δωρήσω, -ομαι		δεδώρημαι	ἐδώρησα, ἐδωρήθην		
ἐάω εἰάω, Ep.		ἐάσω	εἴακα	εἴαμαι	εἴασα, εἴᾱσα, εἰάθην		Imp. εἴων. ε in aug. tenses changed to ει. Pres. sing. ἐάς, Ep. ἐᾴς

ἐγγυάω—εἴργω.

VERBS.	English.	Future.	Perfect.	Perf. pass.	1st Aorist.	2nd Aorist.	2nd Perfect.	Remarks, &c.
ἐγγυάω	betroth, proffer	ἐγγυήσω	ἠγγύηκα, ἐγγεγύηκα, ἐγγύηκα	ἠγγύημαι, ἐγγεγύημαι, ἐγγύημαι	ἠγγύησα, ἠγγυήθην	. .	. .	Imp. ἠγγύων, -αον.
ἐγείρω	raise	ἐγερῶ	. .	. .	ἤγειρα, ἠγέρθην (ἐ)	ἠγρόμην, ἠγ-	ἐγρήγορα, ἐγρήγορ-θα, Ep.	F. pass. ἐγερθήσομαι.
ἐγκωμιάζω	praise	ἐγκωμιάσω, ἐγκωμιάσομαι	ἐγκεκωμίακα	ἐγκεκωμί-ασμαι	ἐνεκωμίασα	. .	. .	
ἔδω ἔδω	(seat, see ἕζω) eat	ἔδομαι ἐδοῦμαι, L. ἐδέ-σω, r.	ἐδήδοκα	ἐδήδεσμαι	ἠδέσθην	Comp. ἐσθίω and φαγεῖν	ἐδήδα	Imp. freq. ἔδεσκον. Cf. ἐσθίω
ἕζομαι ἕζω	(see καθέζομαι) seat, place	ἕσω	. .	. .	εἷσα	. .	. .	Not found in pres. and imp. The deficiencies supplied by καθέζομαι
ἐθέλω ἐθίζω ἔθω	wish accustom be accustomed to	ἐθελήσω ἐθίσω, -ιῶ . .	ἠθέληκα ἔθικα ἔωθα ἔωθα, Ion. -εα	. . εἴθισμαι . .	ἠθέλησα, ἐθ-. Poet. εἴθισα, εἰθίσθην . .	. . . . . .	. . . . . .	Part. ἔθων. Tenses formed from pass. of ἐθίζω
εἴδω (1) obsolete in pres.	see, know	εἰδήσω, εἴσομαι ἰδησῶ, Dor.	εἴδηκα	. .	εἴδησα	εἶδον εἴδον, Ep. εἰδόμην	οἶδα as Pres.	Infin. εἰδέναι. Ep. ἴδμεναι. Imp. ἴσθι. Part. εἰδώς. Pl. perf. ᾔδεα. Ep. ᾔδεα. Att. ᾔδη. Pl. perf. ᾔδειν Ep.
εἴδομαι εἰκάζω	appear, seem conjecture	εἴσομαι εἰκάσω	εἴκακα	εἰκασμαι ᾔκ—— ᾔκ——	εἴσάμην εἴκασα, εἰκάσθην	. .	. .	F. pass. εἰκασθήσομαι. Imp. ᾔκαζον, εἴκαζον
εἴκω	am like, appear	εἴξω (rare)	. .	εἴκασμαι εἴγμαι	. .	. .	ἔοικα οἶκα, Ion.	Pl. per. ἐῴκειν. Pres. not in use. Perf. part. εἰκώς Att. 3 p. perf. pl. εἴξασι, 1 p. perf. pl. ἐοίγμεν, Plup. p. ᾐγμην, 3 sing. ᾔκτο, ἔϊκτο

14

		Indic.	Imper.	Subj.	Opt.	Inf.	Part.	
εἴκω	yield	εἴξω						
εἰλέω	roll	εἰλήσω, L.		εἴλημαι	εἶξα		εἴκαθον	1 Aor. freq. εἴξασκε
εἰλέομαι					εἰλύθην			
εἰλίσσω	roll	εἰλίξω		εἴλιγμαι	εἴλιξα, εἰλίχθην			εἰλίσσω, Poet. for ἐλίσσω
εἰλύω	envelope	εἰλύ'σω		εἴλυμαι	εἴλυσα, εἰλῡ'σθην			
εἴλω	press together	εἴλσω, Æol.		ἔελμαι	ἔλσα	εἄλην, ἄλην		1 aor. mid. ἠλσάμην, 2 aor. mid. ἠλσόμην, 3 plup. sing. ἔλλητο
εἵμαρται (see μέρομαι)								For regular inflection and varieties of dialect, see App.
εἰμί	am	ἔσομαι						Imp. ἴθι, εἴ in comp. see App.
εἶμι	go							Imp. 1 aor. εἴπον or εἶπον. The present is supplied by φημί, λέγω, the other tenses by εἴρω. Æol. inf. εἴπην. 2 aor. freq. ἔπεσκον
εἰπεῖν (2) say (ἔπω)					εἶπα	εἶπον ἔεσπον, Ep.		
εἴργω	shut out	εἴρξω		εἴργμαι	εἶρξα, εἴρχθην	εἰργαθον		

NOTE 1.

Indic.	Imper.	Subj.	Opt.	Inf.	Part.
οἶδα	ἴσθι	εἰδῶ	εἰδείην	εἰδέναι	εἰδώς, υἱα, ὁς

Pres. S. οἶδα, know.   Imp. S. ᾔδειν   Att. ᾔδη
        οἶσθα   ᾔδεις ᾔδεισθα; Att. ᾔδης; ᾔδησθα
        οἶδε(ν)   ᾔδει;   Att. ᾔδεω   ᾔδη

    D.   ἴστον   D.   ᾔδειτον   or ᾔστον
        ἴστον   ᾔδείτην   or ᾔστην

    P.   ἴσμεν   P.   ᾔδειμεν   or ᾖσμεν
        ἴστε   ᾔδειτε   or ᾖστε
        ἴσασι(ν)   ᾔδεσαν   or ᾖσαν

The meaning "to see" is only retained by Aor. 2.

NOTE 2. An Aorist.

εἴργω—ἐπαυρέω.

VERBS.	English.	Future.	Perfect.	Perf. pass.	1st Aorist.	2nd Aorist.	2nd Perfect.	Remarks, &c.
εἴργω	shut in	εἴρξω	. .	εἴργμαι	εἶρξα, εἴρχθην	. .	. .	The breathing determines the signif.
εἴργνυμι								
ἔρομαι	ask	εἰρήσομαι	. .	εἰρήμαι	εἰρόσα, εἰρώσθην	. .	. .	See ἔρομαι
εἴρω	draw	εἰρύσω (σσ)		εἰρύσμαι				See ἔρυω
εἴρω *	say	ἐρῶ, ἐρέω, Ep. ἐρέομαι	εἴρηκα	εἴρημαι	εἰρέθην, ἐρρήθην ῆ (έ, ι.)	. .	. .	P.-p. fut. εἰρήσομαι. F. pass. ῥηθήσομαι
εἴρω	join, knit	ἔρσω	ἔλκα, in comp.	ἔρμαι ἔερμαι, Ep. ἔρμαι, Ion.	εἶρα, ἔρσα	. .	. .	
εἴωθα	(see ἔθω)		. .	. .	ἐξεκλησίασα	. .	. .	
ἐκκλη- σιάζω	call an assembly	ἐκκλησιάσω	. .	. .	ἐξεκκλησίασα ?	. .	. .	
ἐλαύνω	drive	ἐλάσω, ἐλῶ (σσ) Ep.	ἐλήλακα	ἐλήλαμαι ἐλήλασμαι	ἤλασα, ἠλάθην ἠλάσθην, L.	. .	. .	Imp. ἤλαυνον, plup. p. ἐληλά- μην and ἠλελάμην, 3 s. ἐληλάδατο
ἐλάω, simple of ἐλαύνω		ἐλῶ, ἐλάσω		(σσ)				Inf. ἐλᾶν, -άαν, Ep.
ἐλέγχω	confute	ἐλέγξω	ἐλήλεγχα	ἐλήλεγμαι ἤλεγμαι, r.	ἤλεγξα, ἠλέγχθην	. .	. .	F. pass. ἐλεγχθήσομαι
ἐλελίζω	turn, whirl	ἐλελίξω	. .	. .	ἐλέλιξα, ἐλελίχθην	ἐλέλικτο syncopated	. .	
ἐλινύω	am quiet	ἐλινύσω	. .	. .	ἐλίνυσα	. .	. .	
ἐλίσσω -ττω	roll	ἐλίξω	. .	εἴλιγμαι ἐλήλιγμαι, L.	εἴλιξα, εἰλίχθην	. .	. .	Imp. ἐλίνυον

ἑλκόω	ulcerate	ἑλκώσω		εἱλκωκα	ἥλκωμαι εἱ— εἱλκωσμαι	ἥλκωσα, ἡλκώθην εἱ—		F. pass. ἑλκωθήσομαι
ἕλκω	draw	ἕλξω, ἑλκύσω, ἑλκήσω, Ep.				εἱλκύσα, εἱλκύσθην ἕλξα, L. εἵλχθην, L. ἥλκυσα, Ep.		
ἔλπω	give hope							
ἐμέω	vomit	ἐμέσω, Ion. ἐμῶ, Γ. ἐμοῦμαι		ἐμήμεκα, L.	ἐμήμεσμαι, ἤμεσα L.	ἔμεσσα, Ep.		2 pl. perf. ἐώλπειν
ἐμπολάω	sell, traffic	ἐμπολήσω		ἠμπόληκα	ἠμπόλημαι ἐμ—, Ion.	ἠμπόλησα, ἠμπολήθην		
ἐναίρω	kill					ἔνηρα, L. ἐπήραμην	ἤναρον, ἔναρον	F. pass. ἐναιρωθήσομαι
ἐναντιόομαι	am opposed to	ἐναντιώσομαι			ἠναντίωμαι	ἠναντιώθην		
ἐναρίζω	slay, spoil	ἐναρίξω			ἠνάρισμαι	ἐνάριξα, ἠναρίσθην ἤναρσα		
ἐνέπω	say, tell	ἐνίψω ἐνισπήσω					ἔνισπον	Pres. also ἐννέπω
ἐνήνοθα	rest, lie on A 2 perfect occurring only in Comp.							
ἐνθυμέομαι -ῦμαι	reflect upon	ἐνθυμήσομαι			ἐντεθύμημαι	ἐνεθυμήθην		F. pass. ἐνθυμηθήσομαι, L.
ἐνύω ἐννύω	put on	ἕσσω, ἕσω			εἷμαι, ἕσμαι ἕσσα, ἕσα			Ion. εἵνυμι, Poet. εἰνύω
ἐνοχλέω	harass	ἐνοχλήσω		ἠνώχληκα	ἠνώχλημαι	ἠνώχλησα, ἠνοχλήθην		Imp. ἠνώχλουν
ἐντύω	prepare	ἐντύω			ἐντυνα			
ἐξετάζω	inquire	ἐξετάσω, -ξω, Dor. ἐξετῶ, Poet.		ἐξήτακα	ἐξήτασμαι	ἐξήτασα, ἐξητάσθην -ξα, Dor.		
ἐπαυρέω ἐπαυρίσκομαι	enjoy	ἐπαυρήσομαι			ἐπηυρόμην	ἐπηυράμην	ἐπηῦρον ἐπαῦρον, Dor. ἐπηυρόμην	

ἐπείγω—εὔω.

VERBS.	English	Future.	Perfect.	Perf. pass.	1st Aorist.	2nd Aorist.	2nd Perfect.	Remarks, &c.
ἐπείγω	press	ἐπείξω	. .	ἤπειγμαι, L.	ἤπειξα, ἠπείχθην	. .	. .	Imp. ἔπειγον, Ep.
ἐπιμέλο- μαι & ἔομαι	care for	ἐπιμελήσομαι	. .	ἐπιμεμέλη- μαι	ἐπεμελήθην	. .	. .	F. pass. ἐπιμεληθήσομαι
ἐπιορκέω	swear falsely	ἐπιορκήσω	ἐπιώρκηκα	. .	ἐπιώρκησα	. .	. .	
ἐπίσταμαι	know	ἐπιστήσομαι	. .	. .	ἠπιστήθην, -άσθην	. .	. .	2 p. pres. s. ἐπίστῃ and ἐπίστᾳ like ἵσταμαι in pres. and imp. Imp. ἠπιστάμην
ἕπω	am employ- ed in	ἕψω	. .	. .	. .	ἕσπον, ἱσπόμην	. .	Imp. εἷπον. Ep. ἕπον, ἕπεσκον freq.
ἕπομαι	follow	ἕψομαι	. .	. .	. .	ἑσπόμην	. .	Inf. aor. σπέσθαι
ἐράω ἔραμαι (Poet.)	love	. .	. .	ἤρασμαι, L.	ἠρασάμην, ἠράσθην	. .	. .	F. pass. ἐρασθήσομαι
ἐράω	pour	ἐράσω	. .	. .	ἤρᾱσα	. .	. .	Only used in Comp.
ἐργάζομαι	work	ἐργάσομαι	. .	εἴργασμαι, ἔργασμαι, Ion.	εἰργασάμην, εἰργά- σθην	. .	. .	F. pass. ἐργασθήσομαι
(ἔργω) Ion. for εἴργω	shut in	ἔρξω	. .	ἔργμαι	ἔρξα, ἔρχθην	. .	. .	ἔργω, shut out
ἔρδω ἔρδω, Att.	work	ἔρξω and ἕρξω	. .	. .	ἔρξα, ἕρξα, Poet.	. .	ἔοργα	Pl.-perf. alone augmented ἑώρ- γειν
ἐρείδω	prop	ἐρείσω	ἤρεικα	ἐρήρεισμαι	ἤρεισα, ἠρείσθην (ἐ-)	. .	. .	3 pl.-perf. pass. ἐρηρέδαται, 3 s. plup. p. ἠρήρειστο
ἐρείκω	tear, break	ἐρείξω	. .	ἐρήρυγμαι	ἤρειξα	ἤρικον	. .	P. pass. also ἐρήρυσμαι
ἐρείπω	throw down	ἐρείψω	. .	ἤρειμμαι, L. ἐρήριμμαι	ἤρειψα, ἠρείφθην	ἤριπον	ἐρήριπα	
ἐρεύγομαι	disgorge	ἐρεύξομαι	. .	ἠρεύγμαι	ἠρευξάμην	. .	. .	
ἐρυγγάνω, Att.								
ἐρέφω ἐρέπτω	cover	ἐρέψω	. .	. .	ἤρεψα, ἔρεψα	. .	. .	
ἐρέω	see ἔρομαι							
ἐρίζω	contend	ἐρίσω, -ξω, Dor.	ἤρικα	ἐρήρισμαι	ἤρισα	. .	. .	

ἔρομαι	ask	ἐρήσομαι						See ἐρωτάω
ἕρπω	creep	ἕρπύσω, ἐρψῶ Dor.						Imp. εἷρπον
εἴρω	go astray	ἐρρήσω	ἤρρηκα		εἴρυσα, L.			
ἐρύκω	hold back	ἐρύξω		ἐρύομαι	ἤρρησα, ἔρσα	ἠρόμην		ἐρύκανάω and ἐρύκακών are Epic forms
					ἤρυξα, ἔρυξα, Ep.			
ἐρύω	draw	ἐρύ̈σω (σσ) Ep.		ἐρύομαι	ἐρύσα (σσ)	ἠρῦ κάκον (ἐ-)		Poet. and Ion. εἰρύω. Fut. Ion. ἐρύω
ἔρχομαι	go, come	ἐλεύσομαι	ἐλήλυθα εἰλήλουθα ἐ—, Ep.			ἤλυθον, sync. ἦλθον		2 a. imp. ἐλθέ. 2 a. Dor. ἤνθον. Attics prefer for imp. and fut. the tenses of εἶμι
ἐρωτάω	ask	ἐρωτήσω	ἠρώτηκα					
ἐσθίω	eat	ἔδομαι, -οῦμαι	ἐδήδοκα	ἐδήδεσμαι	ἐδεσάμην, ἠδέσθην	ἔφαγον	ἔδηδα	P. pass. Ep. ἐδήδομαι
ἑστιάω	entertain	ἑστιάσω	εἱστίακα	εἱστίαμαι (η) Ion.	εἱστίασα, εἱστιᾱ́θην			Ion. form ἱστιάω
εὕδω	sleep	εὑδήσω						Imp. εὗδον, ηὗδον. See καθεύδω
εὐεργετέω	do good	εὐεργετήσω	εὐηργέτηκα	εὐηργέτημαι	εὐηργέτησα			
εὐλογέω	bless	εὐλογήσω	εὐλόγηκα	εὐλόγημαι	εὐλόγησα, εὐλογήθην			
εὐνάω	put to bed	εὐνήσω		εὔνημαι	εὔνησα, εὐνήθην			
εὑρίσκω	find	εὑρήσω -ησῶ, Dor.	εὕρηκα (ηὕ)	εὕρημαι	εὗρσα, L. εὑρέθην(ηὑ)	εὗρον, εὑρόμην		F. pass. εὑρεθήσομαι. Aor. sometimes ηὗρον, εὑράμην, L. Aor.
εὐτυχέω	am fortunate	εὐτυχήσω	εὐτύχηκα	εὐτύχημαι	εὐτύχησα, εὐτυχήθην			1 a. also ηὐτύχησα
εὐφραίνω	cheer	εὐφρανῶ -έω, Ep.			ηὔφρανα εὔφρηνα, Ion. εὔφρανθην ηὐξάμην (εὐξ-)			F. pass. εὐφρανθήσομαι
εὔχομαι	pray	εὔξομαι		ηὔκται, impers. εὖμαι				
εὕω	roast	εὕσω, εὔω, Ion.			εὗσα			P.-pf. πύγμην. Varies in past tenses between ευ and ηυ

ἐχθαίρω—ὁήγω.

VERBS.	English.	Future.	Perfect.	Perf. pass.	1st Aorist.	2nd Aorist.	2nd Perfect.	Remarks, &c.
ἐχθαίρω	hate	ἐχθαρῶ			ἤχθηρα, (ἆρα) Dor.			
ἔχω	have	ἕξω, σχήσω	ἔσχηκα	ἔσχημαι	ἔσχηκα, L. ἐσχέθην	ἔσχον, ἐσχόμην		Epic perf. ὄκωχα. Imp. εἶχον, ἔσχον. ἔσχον, Ep. ἦχον, Dor. Imper. σχές
ἕψω, -έω	boil, cook	ἑψήσω	ἥψηκα, L.	ἥψημαι	ἥψησα, ἔψ-, ἡψήθην			1 a. also ἡψόθην, L.
ἔω	send (see ἵημι)							
ἔω	seat	εἵσομαι ἕσ-, ἕσ-	ἧμαι, as pres.		εἷσα, ἕσσα			Pl.-perf. as imp. ἥμην
ζάω	live	ζήσω, ζήσομαι	ἔζηκα	ἔζυγμαι	ἔζησα			Imp. ἔζων and ἔζην. Imper. ζῆ or ζῆθι. Inf. ζῆν. Contracts with η
ζεύγνυμι -ύω	join	ζεύξω		ἔζευγμαι	ἔζευξα, ἐζεύχθην	ἐζύγην		ἐζεύγνυον
ζέω	boil	ζέσω		ἔζεσμαι	ἔζεσα, ἐζέσθην, L. (σσ)			
ζημιόω	injure	ζημιώσω	ἐζημίωκα		ἐζημίωσα, ἐζημιώθην			P. pass. ἐζημιωθήσομαι
ζώννυμι -ύω	gird	ζώσω	ἔζωκα	ἔζωσμαι ἔζωμαι, rare	ἔζωσα, ἐζώσθην			
ζάω (Ep. & Ion.) live (see ζάω)		ζώσω, L.			ἔζωσα			Imp. ἔζωον
ἡβάω ἡβάσκω	beat the age of puberty	ἡβήσω ἡβάσω, Dor.			ἥβησα			
ἡγέομαι	lead, think	ἡγήσομαι	ἥγημαι		ἡγησάμην, ἡγήθην, L.			Imp. ἡγούμην. Dor. ἁγ-.
ἥδω ἥδομαι ῥύω, L.	make sweet please	ἥσω		ἥσμαι ἥδυσμαι	ἥδυνα, ἡδύνθην, ἥσθην ἧσα, ἡσάμην, ἤσθην			F. pass. ἡσθήσομαι. Imper. ἥδε. Perf. part. ἁσμένος

	ἥξω	ἧκα, L.		ἥξα, L.		
ἥκω come						Imp. ἧκον
ἧμαι sit (see App.)						Imper. ἧσο, ἧσθω, Inf. ἧσθαι
ἠμί say						ἠμί = φημί, q. v. Imp. ἦν.
ἡμύω bow, sink				ἤμυσα		
ἡσσάω to conquer	ἡττήσομαι	ἥττηκα	ἥσσημαι (ττ)	ἥττησα, L. ἡσσήθην		F. pass. ἡττηθήσομαι
ἡττάω, Ion.						
ἑσσιόομαι,	ἑσσώσομαι		ἕσσωμαι	ἑσσώθην		
ἡσυχάζω be at rest	ἡσυχάσω			ἡσύχασα		
θάλλω bloom	θαλλήσομαι			ἐθάλησα	ἔθαλον	τέθηλα (ᾱ) Dor. Dor. form θαλέω
θηλέω, Ep.	θαλῶ					
θηλέω,	θηλήσω		τεθήλημαι	ἐθήλησα		
θάομαι, gaze at, ad-	θιάσομαι			ἐθάσαμην		Ionic form θηέομαι
Dor. mire	θήσομαι					
θάπτω bury	θάψω	τέταρα	τέθαμμαι	ἔθαψα, ἐθάφθην	ἐτάφην	F. pass. ταφήσομαι P.-p. fut. τεθάψομαι. Ion. Per. 3 pl. τεθάφαται, plup. 3 pl. ἐτέθαπτο
(θάπω,τάφω) astonish	θαυμάσομαι	τέθαφα	τεθαύμασ-	ἐθαύμασα, ἐθαυμάσθην		F. pass. θαυμασθήσομαι
θαυμάζω wonder, ad-	θαυμάσω, Γ.	τεθαύμακα	μαι			
mire	(σσ) Ep.					
θεάομαι behold	θεᾱ́σομαι		τεθέαμαι	ἐθεασάμην, ἐθεάθην (η) Ion.		
	(η) Ion.			ἔθευνα		
θείνω smite, beat	θενῶ				ἔθενον	
θέλω wish	θελήσω	τεθέληκα		ἐθέλησα		see ἐθέλω
θεραπεύω serve, court	θεραπεύσω	τεθεράπευκα	τεθεράπευ-	ἐθεράπευσα		
			μαι	ἐθεραπεύθην		
θέω run	θεύσομαι					Tenses wanting supplied by τρέχω. θεύσω fut. once only
-είω, Poet.	-ούμαι, Dor.					
θήγω whet	θήξω		τέθηγμαι	ἔθηξα		

θηράω—καθεύδω.

VERBS.	English.	Future.	Perfect.	Perf. pass.	1st Aorista.	2nd Aorista.	2nd Perfect.	Remarks, &c.
θηράω	hunt	θηράσομαι, θηρᾶσω	τεθήρακα	τεθήραμαι	ἐθηράσάμην			
θιγγάνω	touch	θίξω, θίξομαι	. . .	. . .	ἐθίχθην, L.	ἔθιγον		
θλάω	bruise	θλάσω	. . .	τεθλασμαι -σμαι, Dor.	ἐθλάσα, ἐθλάσθην (σα) Ep.			
θλίβω	press, squeeze	θλίψω	τέθλιφα	τέθλιμμαι	ἔθλιψα, ἐθλίφθην			
θνήσκω	die	θανοῦμαι, τεθνήξω, τεθνήξομαι	τέθνηκα (ᾱ) Dor.	. . .	ἐθνήξα, L.	ἔθανον, θάνον, Ep.		Inf. p. τεθνᾶναι. Æolic τεθνάκην. Ep. and Ion. fut. θανέομαι. Part. perf. τεθνεώς, τεθνηώς. Ep. -ώς Dor.
θοινάω	entertain	θοινήσω	. . .	τεθοινόμαι	ἐθοίνησα, ἐθοινήθην			
θραίνω	bruise	θραίνω	. . .	τεθραυσμαι τέθραυμαι	ἔθραυνα, ἐθραύσθην			
θράσσω ττω	disturb	θράξω	. . .	τέθραγμαι	ἔθραξα, ἐθράχθην			
θρύπτω	break	θρύψω	. . .	τέθρυμμαι	ἔθρυψα, ἐθρύφθην	ἐτρύφην	τέθορα	F. pass. θρυφθήσομαι
θρώσκω	leap	θοροῦμαι -ομαι, Ep.	. . .	. . .		ἔθορον		
θύω	sacrifice	θύσω -σᾶ, Dor.	τέθυκα	τέθυμαι	ἔθυσα, ἐτύθην			F. pass. τυθήσομαι
θύω, θύνω rage		θύσω	. . .	. . .	ἔθυσα, ἔθυνα			Imp. ἔθυον, ἔθυνον
θυρρύσσω arm		θυρρήξω	τεθώρηκα	. . .	ἐθώρηξα, ἐθωρήχθην			
ἰάομαι	heal, cure	ἰάσομαι (ἡ) Ion.	. . .	ἴαμαι, L.	ἰᾱσάμην, ἰάθην (ἡ) Ion.			F. pass. ἰαθήσομαι

Present	Meaning	Future	Perfect	Passive	Aorist	Aorist 2	Notes
ἰαχέω	shout						Another form is ἰαχύω, also ἰάχω
ἱδρόω	sweat	ἱδρώσω	ἵδρωκα, r.	ἵδρυμαι	ἵδρωσα, ἱδρώθην, ἱδρύνθην?		Contracts in ω instead of ου
ἱδρύω	place, erect	ἱδρύσω					
ἵζω, ἵζω, Dor.	seat, place	ἱζήσω	ἵζηκώς, Part.		ἵζησα		Imp. freq. ἵζεσκον. See καθίζω
ἵημι	send	ἥσω	εἷκα	εἷμαι	ἧκα, εἵθην, εἷσα, ἐθήν ἥν, εἵμην, Ep. εἵμην	ἱκόμην	Imper. ἕς. Inf. εἶναι. See Appendix
ἱκνέομαι	come	ἵξομαι -οῖμαι, Dor.		ἷγμαι			
ἵκω, Ep.	come	ἵξω			ἷξα, L.	ἷξον	
ἱλάσκομαι propitiate	ἱλάσομαι, Ep. *(σσ) Ep. -άξομαι, Dor. ἐλᾶ				λασάμην, ἱλάσθην (σσ)		
ἱμείρω desire	-ομαι, Att.				ἱμειράμην, ἱμέρθην		Aeol. pres. ἱμέρρω
ἵπταμαι	fly	πτήσομαι		ἵσταμαι			Like ἵσταμαι in pres. and imp.
ἵστημι	make stand	στήσω, ἑστήξω ἑστήξομαι	ἕστηκα -ακα, L		ἕστησα, ἐστάθην	ἔστην Dor. ἔστᾱν ἐπτέμην ἔστην	Imp. ἵστην. F. pass. σταθήσομαι. Perf. part. ἑστώς
ἰσχναίνω	make lean	ἰσχνανοῦμαι			ἰσχνᾱνα, ἰσχνάνθην -ηνα, Ion.		
ἰσχύω	am strong	ἰσχύσω	ἴσχυκα		ἴσχυσα		
καθαίρω	purify	καθαρῶ	κεκάθαρκα	κεκάθαρμαι	ἐκάθηρα, ἐκαθάρθην -άρα	ἐκάθᾱρον	
καθέζομαι sit down	καθεδοῦμαι -ήσομαι				καθεωσάμην ἐκαθέσθην, L.		F. pass. καθεσθήσομαι
καθεύδω	sleep	καθευδήσω	καθεύδηκα		καθεύδησα	ἐκαθάριην	Imp. ἐκαθεῦδον; καθηῦδον, Att. καθεῦδον, Ep.

κάθημαι—κλήζω.

VERBS.	English.	Future.	Perfect.	Perf. pass.	1st Aorist.	2nd Aorist.	2nd Perfect	Remarks, &c.
κάθημαι	(see ἧμαι)							
καθίζω	set, place	καθίσω, καθιῶ, Att. καθιζήσομαι καθιξῶ, Dor.	κεκάθικα, L.	. . .	ἐκάθισα, κατίσα, Ion. καθίσα, Att.	. . .	. . .	Ion. form κατίζω
καίνω	kill	κανῶ	. . .	. . .	. . .	ἔκανον	. . .	Inf 2 a. κανῆν, κανεῖν
καίω, κάω	to burn	καύσω	κέκαυκα, in Comp.	κέκαυμαι	ἔκαυσα, ἐκαύθην, ἔκηα, Ep. ἔκεα, Att. ἐκηάμην, ἔκεια, ἐκκειάμην	ἐκάον, ἐκάην	κέκονα	Imp. ἔκαιον, ἔκαον. Ep. κεῖον. F. pass. καυθήσομαι Inf. 1 a. κῆαι
καλέω	call	καλέσω, -έω (σσ) Ep. καλῶ, Att.	κέκληκα	κέκλημαι	ἐκάλεσα, ἐκλήθην (σσ) Ep.	. . .	. . .	F. pass. κληθήσομαι. P.-p. fut. κεκλήσομαι. Imp, freq. καλέεσκον, 3 plup, p. pl. κεκλήατο. Perf p. opt. κεκλήμην, κέκλῃο
καλύπτω	hide	καλύψω	. . .	κεκάλυμμαι	ἐκάλυψα, ἐκαλύφθην	. . .	. . .	F. pass καλυφθήσομαι. P.-p. fut. κεκαλύψομαι
κάμνω	grow weary	καμοῦμαι	κέκμηκα -ακα, Dor.	. . .	ἐκάμομην	ἔκαμον ἐκαμόμην	. . .	Perf. part. κεκμηώς, -ότος and -ότος
κάμπτω	bend	κάμψω	κέκαμφα	κέκαμμαι	ἔκαμψα, ἐκάμφθην	. . .	. . .	
καταφρονέω	despise	καταφρονήσω	καταπεφρόνηκα	. . .	κατεφρόνησα κατεφρονήθην	. . .	. . .	F. pass. καταφρονηθήσομαι
κάω	(see καίω)							
κεδάω	scatter (see σκεδάννυμι)							
κεῖμαι	lie	κείσομαι	. . .	. . .	. . .	. . .	. . .	Imp. ἐκείμην. See Appendix.
κείρομαι, Ion.		-σεύμαι, Dor.						
κείρω	shear	κερῶ, -σω, Ep.	κέκαρκα	κέκαρμαι	ἔκειρα, ἐκάρθην, ἔκερσα, Ep.	ἐκάρην	. . .	
κελεύω	order	κελεύσω	κεκέλευκα	κεκέλευσμαι κεκέλευμαι	ἐκέλευσα, ἐκελεύσθην	. . .	. . .	

					κεκλόμην, red. and ἐκεκλόμην	
κέδομαι	order					
κεράννυμι -ύω κεράω, Ep. κεράω, Att. κερδαίνω	mix / gain	κεράσω (σω) Ep. κερῶ, Att. κερδανῶ -έω, Ion. κερδήσω and κερδήσομαι	κέκρᾱκα κεκέρακα, L. κεκέρδηκα	κέκρᾱμαι κεκέρασμαι, L.	ἐκέρασα, ἱερά‿θην (σσ Ep.) ἐκεράσθην L. ἔκρησα, Ion. ἐκέρδᾱνα, -ηνα, Ion. -ησα	Inf. 1 a. κερᾶναι
κεύθω	hide	κεύσω	κέκευθα	κέκευθμαι	ἔκευσα	ἔκῠθον Ep. κέκυθον κέκηδα	2 aor. conj. κεκύθω
κήδω κηρύσσω -ττω	vex, sorrow proclaim	κηδήσω (3) κηρύξω	κεκήρῡχα	κεκήρυγμαι	ἐκήδησα ἐκήρυξα, ἐκηρύχθην		Fut. pass. κεκᾱδήσομαι F. pass. κηρυχθήσομαι
κινέω κίχανω κίχρημι κλάζω	move find, obtain lend sound, scream	κινήσω κιχήσω χρήσω κλάγξω	κεκίνηκα κέχρηκα κέκλαγγα	κεκίνημαι κέχρημαι	ἐκίνηθην ἐκίχησα, L ἔχρησα ἔκλαγξα, Δor.	ἔκῐχον, ἔκιχην ἐκλάγον	F. pass. κινηθήσομαι Another form κυκάνω 2 Perf. part. κεκλήγως and κεκλήγων. 3 Fut. κεκλάγξομαι
κλαίω κλάω, Att.	weep	κλαύσομαι κλαιήσω κλαησω		κέκλαυμαι -σμαι, L	ἔκλαυσα, ἐκλαύσθην		P.-p. fut. κεκλαύσομαι This verb does not contract.
κλάω	break	κλάσω		κέκλασμαι	ἐκλάσω, ἐκλάσθην		
κλείω	shut	κλείσω, -ῶ	κέκλεικα	κέκλειμαι κέκλεισμαι	ἔκλεισα, ἐκλείσθην		F. pass. κλεισθήσομαι. Imp. ἔκλεον κλεισθήσομαι. P.-p. fut. κε- κλείσομαι. Ionic form of this verb κληίω, f. κληίσω, p.-p. κεκλήισμαι, &c. Att. contract for κληίξω, Ion.
κλέπτω	steal	κλέψω	κέκλοφα	κέκλεμμαι	ἔκλεψα, ἐκλέφθην	ἔκλαπον ἐκλάπην	
κληΐζω	celebrate	κλήσω κλείξω, Dor. κλείσω		κέκλησμαι κεκλήισμαι	ἔκλησα, κλῆξα		

Note 3. Ep. with reduplication.

κλητέω—κυνέω.

VERBS.	English.	Future.	Perfect.	Perf. pass.	1st Aorist.	2nd Aorist.	2nd Perfect.	Remarks, &c.
κλητέω, Ion.	shut	. .	. .	κεκλήμμαι -σμαι	ἐκλήμισα, ἐκλῃσθην	. .	. .	. .
κλήω	shut	κλήσω	κέκληκα	κέκλημαι -ημαι, Dor.	ἐκλῃσα, ἐκλῃσθην -ῄξα, Dor.	. .	. .	F. pass. κλυθήσομαι. 3 Perf. pass. pl. κεκλίαται κλάδε used for imp. κλύε, κέκλυθι
κλίνω	bend	κλιξῶ, Dor. κλινῶ	κέκλικα	κέκλιμαι	ἔκλινα, ἐκλίθην ἐκλίθην	ἐκλίνην	. .	
κλύω	hear	. .	κέκλυκα	. .	. .	ἔκλυν	. .	
κναίω κνάω	scrape	κναίσω -σῶ, Dor. κνύσω	κέκναικα	κέκναυσμαι κέκνησμαι (ί)	ἔκναυσα, ἐκνώσθην ἔκνησα, ἐκνήσθην	. .	. .	F. pass. κναισθήσομαι
κνίζω	scratch, tear	κνίσω κνιξῶ, Dor.	. .	κέκνισμαι	ἐκνίσα, -ξα, Dor. ἐκνίσθην	. .	. .	Contracts frequently in η for α
κομάω -έω Ion.	cause to sleep	κομήσω	. .	κεκοίμημαι	ἐκοίμησα, ἐκοιμήθην -άσα	. .	. .	F. pass. κοιμηθήσομαι
κολάζω	punish	κολάσω κολάσομαι κολῶ, Att.	. .	κεκόλασμαι	ἐκόλασα, ἐκολάσθην	. .	. .	F. pass. κολασθήσομαι
κολούω	mutilate	κολούσω	. .	κεκόλουσμαι -σμαι	ἐκόλουσα, ἐκολούθην -σθην	. .	. .	
κομίζω	bring	κομίσω -ιῶ, Att.	κεκόμικα	κεκόμισμαι	ἐκόμισα, ἐκομίσθην (σσ)	. .	. .	F. pass. κομισθήσομαι
κονίω	cover with dust	κονίσω κονιῶ	. .	κεκόνιμαι -ισμαι	ἐκόνισα	. .	. .	
κόπτω	cut, hew	κόψω	κέκοφα	κέκομμαι	ἔκοψα	ἐκόπην	κέκοπα, Ep.	P.-p. fut. κεκόψομαι
κορέννυμι	satiate	κορέσω -έω, Ion.	κεκόρηκα, -ημαι, Ion.	κεκόρεσμαι	ἐκόρεσα, ἐκορέσθην	. .	. .	Part. perf. Ep. κεκορηώς. P.-p. f. κεκορήσομαι, L

Present	Meaning	Future	Perfect Act.	Perfect M/P	Aorist	Aorist 2	Notes
κορύσσω	arm	κορύξω	. .	κεκόρυθμαι	ἐκόρυσσα, Ep. ἐκορυσσάμην, ἐκορυξάμην, ἐκόρυσα	. .	Perf. part. pass. κεκορυσμένος for -ρυθμένος; Perf. part. κεκορυθώς
κοτέω	am hungry	κοτέσομαι (σσ)	κεκότηκα	. .	ἐκότεσα	. .	Imp. κέκοτχθι
κράζω	cry out	κεκράξομαι	. .	κέκραγμαι, 3 sing. κέκρακται	ἔκραξα, ἔκραγα, r. ἔκραξα, ἐκράχθην -ηνα, Ep.	ἔκραγον	F. pass. κραυθήσομαι. Epic form 1 a. ἐκρήηνα, -άανθην. Like ἵσταμαι in pres.
κραίνω	complete	κρανῶ	. .	. .	. .	. .	
κρεμάομαι, κρέμαμαι, -ῶ Att.	be suspended, hang up, sus-pend	κρεμήσομαι, κρεμάσω	. .	κρέμαμαι	ἐκρεμάσα, ἐκρεμάσθην	. .	F. pass. κρεμασθήσομαι, Fut. Att. κρεμῶ, ᾷς, ᾷ, &c. κρεμάω
κρημνήμι	pend	. .	. .	. .	. .	. .	
κρίνω	judge	κρινῶ	κέκρικα	κέκριμαι	ἔκρινα, ἐκρίθην -ίνθην, Ep.	. .	F. pass. κρινθήσομαι
κρούω	beat	κρούσω	κέκρουκα	κέκρουσμαι, -οῦσμαι	ἔκρουσα, ἐκρούσθην	. .	
κρύπτω	conceal, hide	κρύψω	κέκρυφα	κέκρυμμαι	ἔκρυψα, ἐκρύφθην	ἐκρύβον, L. ἐκρύφην, L.	P.-p. fut. κεκρύψομαι. Imp. freq. κρύπτασκε
κτάομαι, κτέομαι, Ion.	acquire	κτήσομαι	. .	κέκτημαι, ἔκτημαι, Ion.	ἐκτησάμην, ἐκτήθην	. .	P.-p. fut. κεκτήσομαι. Perf. subj. κεκτῶμαι, ᾖ, ᾖται, &c. Opt. κεκτῄμην, ᾖο, ᾖτο, and κεκτῴμην
κτείνω, κτανῶ, Ion. κτενέω, Ep.	kill, slay	κτενῶ	ἔκτακα, ἔκτεγκα	ἔκταμμαι, L.	ἔκτεινα, ἐκτάθην, Ep. -άνθην, L.	ἔκτανον, ἔκταν	For perf. and aor. pass. Attics use τέθνηκα, ἔθανον
κτυπέω	sound	κτυπήσω	κεκτύπηκα	. .	ἐκτύπησα	ἔκτυπον	
κυέω, -ιω	be pregnant	κυήσω	. .	. .	ἐκύησα, -υσα, ἐκυήθην	. .	
κυλίνδω, κυλίω	roll	κυλίσω, κυλινδήσω	. .	κεκύλισμαι	ἐκύλισα, ἐκυλίσθην	. .	Imp. κυλισθήσομαι
κύω							
κυνέω	kiss	κυνήσω (κύσω)	. .	. .	ἐκύνησα, ἔκυσα (σσ) Ep.	. .	

28 κύπτω—μαίνομαι.

VERBS.	English.	Future.	Perfect.	Perf. pass.	1st Aorists.	2nd Aorists.	2nd Perfect.	Remarks, &c.
κύπτω	bend, stoop	κύψω	κέκυφα		ἔκυψα			
κύρω (κυρέω, Ion.)	meet with	κύρσω, κυρήσω	κεκύρηκα		ἔκυρσα, ἐκύρησα			Imp. ἔκυρον, κῦρον
κωκύω	weep	κωκύσω			ἐκώκυσα			
κωλύω	hinder	κωλύσω	κεκώλυκα	κεκώλυμαι	ἐκώλυσα, ἐκωλύθην			
κωμάζω	revel	κωμάσω κωμάξω	κεκώμακα		ἐκώμασα ἐκώμαξα, Dor.			
λαγχάνω	obtain by lot	λήξομαι, r. λάξομαι, Ion.	εἴληχα λέλογχα, Ion. Poet.	εἴληγμαι	ἐλήχθην	ἔλαχον (λλ) Ep.		2 aor. act. Ep. λελαχεῖν
λαμβάνω	take	λήψομαι λαμψ-, Ion.	εἴληφα λελάβηκα, Ion.	εἴλημμαι* λέλαμμαι, Ion.	ἔλαμψα, Ion. ἐλήφθην ἐλάμφθην, Ion.	ἔλαβον (λλ) Ep. ἐλαβόμην λάβεσκον, Ep. and Ion.		F. pass. ληφθήσομαι. 1 aor. Pass. Dor. ἐλάφθην. Fut. Dor. λαμψοῦμαι and -ϵῦμαι. *Also λέλημμαι. Ion. λέλαμμαι.
λάμπω	shine	λάμψω	λέλαμπα		ἔλαμψα			
λανθάνω λήθω, Poet.	lie hid	λήσω, λάσω, D. λάσεῦμαι, Dor.		λέλησμαι λέλασμαι, Ep. & Dor.	ἔλησα, ἐλήθην ἔλασα, Dor.	ἔλαθον ἐλαθόμην	λέληθα λέλαθα, Dor.	Aor. 2 redup. λέλαθον. P.-p. f. λελήσομαι
λάσκω λακέω, Ion. ληκέω, Dor.	speak, say	λακήσομαι λακήσω			ἐλάκησα	ἔλακον, λάκον ἐλακόμην	λέληκα	λέληκα, Ep. for λέλακα Perf. part. λελακυῖα
λέγω	say, tell	λέξω	*λέλεχα, L.	λέλεγμαι	ἐλέξα, ἐλέχθην			P. pass. λεχθήσομαι. Perf. supplied by *εἴρηκα. P.-p.f. λελέξομαι
λέγω	gather, choose	λέξω λεξοῦμαι, Dor.	εἴλοχα εἴλεχα, L.	εἴλεγμαι λέλεγμαι	ἐλέξα, ἐλέχθην	ἐλέγην		Sync. aor. 2 m. ἐλέγμην
λείβω, εἴβω	pour	λείψω			ἔλειψα			Imp. λεῖβον, εἶβον

Present	meaning	Future	Perf. Act.	Aor. Act.	Perf. M/P	Aor. Pass.	Aor. 2	Perf. 2	Notes
λείπω	leave	λείψω	. .	. .	λέλειμμαι	ἔλειψα, L. ἐλείφθην	ἔλιπον	λέλοιπα	F. pass. λειφθήσομαι, P.-p. f. λελείψομαι
λείχω	lick	λείξω	λέλειχα	ἔλειξα	λέλειγμαι	ἔλειξα	ἔλιπον		P. part. λελειγμός, λελιγμός
λέπω	peel	λέψω	. .	. .	λέλεμμαι	ἔλεψα	ἐλάπην		
λεύω	stone	λεύσω	. .	. .	λελήϊσμαι	ἔλευσα, ἐλεύσθην, Att.	. .		F. pass. λευσθήσομαι
ληΐζομαι, ληΐζω, rare	pillage	ληΐσομαι (σσ)	. .	. .	λελήϊσμαι λέληϊσμαι	ἐληϊσάμην, Att. ἐληϊσάμην (σσ) ἐληΐσθην ἐλυϊσάμην (λλ)	. .		
λίσσομαι λίτομαι	supplicate	λίσομαι	. .	. .	λελίςομαι	ἐλισάμην	ἐλιτόμην		Imp. freq. λισσέσκετο. Inf. aor. 2 Ep. λιτέσθαι
λογίζομαι	consider	λογίσομαι -οῦμαι	. .	. .	λελόγισμαι	ἐλογισάμην, ἐλογίσθην	. .		
λούω λόω, Poet.	bathe	λούσω -ῶ, Dor.	. .	. .	λέλουμαι -σμαι	ἔλουσα, ἐλούθην -σθην	. .		The Attics shorten all the forms which have ε or o in the termination; as imperf. ἔλον for ἔλουε, ἐλοῦμεν for ἐλούομεν, &c.
λυμαίνο-μαι	abuse	λυμανοῦμαι	. .	. .	λελύμασμαι λελύμανται, 3 sing.	ἐλυμηράμην ἐλυμάνθην	. .		
λυπέω λύω	vex, molest release	λυπήσω λύσω	λελύπηκα λέλυκα	. .	λελύπημαι λέλυμαι	ἐλύπησα, ἐλυπήθην ἔλυσα, ἐλύθην	. .		F. pass. λυπηθήσομαι F. pass. λυθήσομαι
λωβάομαι	abuse, insult	λωβήσομαι	. .	. .	λελώβημαι	ἐλωβήθην ἐλωβησάμην	. .		λελύσομαι. 2 a. in Homer λύμην
μαίνομαι μαίνω, rare	rave, am mad	μανοῦμαι	μεμάνηκα, L. μεμάντηκα	. .	μεμάνημαι, ἔμηνα rare	ἐμάνην	ἐμάνην	μέμηνα	

μανθάνω—μῦ ω.

VERBS.	English.	Future.	Perfect.	Perf. pass.	1st Aorists.	2nd Aorists.	2nd Perfect.	Remarks, &c.
μανθάνω	learn	μαθήσομαι, μαθεῦμαι, Dor.	μεμάθηκα	. . .	ἐμάρμα	ἔμαθον, Ep.	. . .	Part. 2 perf μεμαρτώς
μάρπτω	seize	μάρψω	. . .	. . .		ἔμαρπον, ἔμαρπτον, μέμαρπον, Ep.		
μαρτυρέω	bear witness	μαρτυρήσω	μεμαρτύρηκα	μεμαρτύρημαι	ἐμαρτύρησα ἐμαρτυρήθην		. . .	
μάσσω -ττω	knead	μάξω	μέμαχα	μέμαγμαι	ἔμαξα, ἐμάχθην	ἐμάγην	. . .	
μαστιγόω	chastise	μαστιγώσω	. . .	μεμαστίγω-μαι	ἐμαστίγωσα ἐμαστιγώθην		. . .	
μάχομαι -ομαι, Ep. & Ion.	fight	μαχοῦμαι -έσομαι	. . .	μεμάχημαι -σομαι	ἐμαχεσάμην -σάμην, Ep. ἐμαχέσθην, L	. . .	. . .	Fut. μαχήσομαι and μαχέσομαι, Ep., to suit the metre
μεθίημι μεθίημι, Ion.	send away	μεθήσω	μεμέθεικα	μεθεῖμαι μεμέθειμαι	μεθῆκα -ἦσα, L μεθῆκα, Ep. & Ion. μεθείθην, Ion.		. . .	F. mid. as pass. μετήσομαι
μεθύσκω μεθύομαι	intoxicate obtain, or dain by fate	μεθύσω μερέομαι	. . . μέμορηκε, L	μεμεθύσομαι εἵμαρται, Impers.	μεθύσθην, ἐμέθυσα, ἐμεθύσθην	. . .	ἔμμορα	F. pass. μεθυσθήσομαι Inf. p-pass. εἱμάρθαι. Part. εἱμαρμένος. Pl perf ἔμαρτο. Impers 3 perf. p. s. μέμορηται & μεμόρανται, Dor. Imp. ἤμελλον, Att. μέλλον, Ep.
μέλλω	be about	μελλήσω	. . .	. . .	ἐμέλλησα, ἠ—, Att.	. . .	. . .	
μέλπω μέλω	sing am an object of care	μελψω μελήσω	μεμέλψκα	μεμέλημαι, L	ἐμελψα ἐμέλησα	. . .	μέμηλα	Used impersonally as μέλει, it is a care, &c. 2 perf. Dor. μεμᾶλες, 3 perf p. s. μέμβλεται, cont. from μεμέληται

μέμφομαι	blame	μέμψομαι	μεμένηκα	.	.	.
μένω	remain	μενῶ, -έω, Ep. μερίσω	.	ἔμεινα	.	μέμονα, r.
μερίζω	divide	μερίσω -ξῶ, Dor. ριῶ, Att.	.	.	.	.
μηκάομαι	bleat, cry			ἔμηκον	ἔμακον	μέμηκα	Imperf. ἐμέμηκον. Perf. part. μεμηκώς Dor. μανύω
μηνύω	declare	μηνύσω	μεμήνυκα	ἐμήνυσα, ἐμηνύθην	.	.
μηχανάομαι	contrive, devise	μηχανήσομαι	μεμηχάνημαι	ἐμηχανησάμην -ησα, Att.	.	.
μιαίνω	stain, pollute	μιανῶ	μεμίαγκα	ἐμίανα, ἐμιάνθην	.	F. pass. μιανθήσομαι. μιάνθην in Hom.=ἐμιάνθησαν
μίγνυμι	mix	μίξω	μέμιχα	ἔμιξα, ἐμίχθην	ἐμίγην	Imp. ἐμίγνυν, P.-p. fut. μεμίξομαι. Inf. 1 a. μῖξαι
μιμέομαι	imitate	μιμήσομαι	.	ἐμιμηθήν	.	F. pass. μιμηθήσομαι
μιμνήσκω	remind	μνήσω	.	ἔμνησα, ἐμνήσθην -άσα, Dor.	.	F. pass. μνησθήσομαι. P.-p. f. μεμνήσομαι. Perf opt. μεμνήμην, -οίμην, -ῷμην, Att., μεμνεώμην, Ion. 3 plup. pl. ἐμέμνηντο
μνάομαι, ῶμαι, Ion.						
μύθω	make less	μινύθσω	μεμινύθηκα	ἐμίνυθσα, ἐμινύθην	.	.
μισέω	hate	μισήσω	μεμίσηκα	ἐμίσησα, ἐμισήθην	.	Imp. ἐμίσουν. Inf. μινάσσθαι
μνάομαι, -ῶμαι	desire					
μνημονεύω	remember	μνημονεύσω	ἐμνημόνευκα	ἐμνημόνευσα	μνημονευθείς	F. pass. μνημονευθήσομαι
μυκάομαι	bellow	μυκήσομαι	μεμύκηκα	.	μύκον, Ep. ἐμύκον	.
μύω	close the eyes	μύσω	μέμυκα	ἔμυσα	.	μέμυκα

52 ναίω—οἰνοχοέω.

VERBS.	English.	Future.	Perfect.	Perf. pass.	1st Aorist.	2nd Aorist.	2nd Perfect.	Remarks, &c.
ναίω	inhabit	νάσσομαι	. . .	νένασμαι	ἔνασσα, ἐνάσθην	. . .	. . .	Perf. pass. Ion. νένασμαι
νάσσω -ττω	stuff, stop up	νάξω	. . .	νέναςμαι	ἔναξα	. . .	. . .	
ναυστολέω	go by ship	ναυστολήσω	νεναυστό- ληκα	. . .	ἐναυστόλησα	. . .	. . .	
νεικέω -είω	chide	νεικέσω -σσω	. . .	. . .	ἐνείκεσα (σσ)	. . .	. . .	
νεμεσάω -σάω	blame	νεμεσήσω	. . .	. . .	ἐνεμέσησα -ασα, Dor. ἐνεμεσήθην	. . .	. . .	
νέμω	distribute	νεμῶ, -ήσω, L	νενέμηκα	νενέμημαι	ἔνειμα, ἐνεμήθην -έθην, L. ἐνεμρόαμην, L.	. . .	. . .	Ion. pres. νεμέομαι
νεύω νέω	bend, nod swim	νεύσω νεύσομαι and νευσοῦμαι	νένευκα νένευκα, in compr.	. . .	ἔνευσα, ἐνεύθην ἔνευσα	. . .	. . .	Imp. Ep. ἔννεον
νέω	heap up	νήσω	. . .	νένημαι -σμαι	ἔνησα, ἐνήθην, L. -ήσθην	. . .	. . .	Inf. 1 aor. νῆσαι. Another form of pres. is νηέω
νέω, νήθω (νίπτω, L.)	spin wash	νήσω νίψω	. . .	νένησμαι, νένιμμαι	ἔνησα, ἐνήθην ἔνιψα, ἐνίφθην	. . .	. . .	
νοέω	think	νοήσω	νενόηκα	νενόημαι -ομαι, Ion.	ἐνόησα, ἐνοήθην ἔνωσα, Ion.	. . .	. . .	In Ionic ση contracted into ω
νομίζω	think	νώσω, Ion. νομιῶ, Att.	νενόμικα	νενόμισμαι	ἐνόμισα, ἐνομίσθην	. . .	. . .	F. pass. νομισθήσομαι
ξαίνω	card	ξανῶ	ἔξαγκα	ἔξαςμαι	ἔξηνα, ἐξάνθην	. . .	. . .	
ξέω	rub, scrape	ξέσω ξέσσω, Ep.	ἔξηκα, L.	ἔξεσμαι	ἔξεσα, ξέσσα, Ep.	. . .	. . .	

ξηραίνω	dry	ξηρανῶ		ἐξήρασμαι, ἐξήραμμαι, ἐξύρημαι	ἐξήρᾱνα, ἐξήρανθην -ηνα, Ion. ἐξήρηνα, ἐξηράμην, M.	
ξυρέω -άω -ω	shave, shear	ξυρήσομαι, L.				
ξύω	polish	ξύσω		ξύσμαι	ἔξυσα, ἐξύσθην	F. pass. ξυρηθήσομαι
ὀγκόω ὀδύρομαι ὀδύσσομαι	swell lament am enraged at	ὀγκώσω ὀδυροῦμαι		ὤγκωμαι ὀδώδυσμαι	ὤγκωσα, ὠγκώθην ὠδῡράμην, ὠδύρθην ὠδῡσάμην, ὠδύσθην	
ὄζω	smell	ὀζήσω -εσω, Ion.	ὤζηκα		ὤζησα -εσα, Ion.	Pl. perf. ὠδώδειν and ὀδ-. Part. ὀδωδώς
οἴγω οἴγνυμι οἶδα	open (see εἴδω)	οἴξω			ᾖξα, αἶξα, Ep. ᾦχθην	Imp. pass. ᾠγνύμην. Part. 1 a. οἴξας. Pass. οἰχθείς
οἰδέω -άω, L. -αίνω -αίνω, L. Poet.	swell	οἰδήσω	ᾤδηκα		ᾤδησα	Imp. ᾤδεον. Mid. and pass. late
οἰκέω -έω	dwell	οἰκήσω	ᾤκηκα	ᾤκημαι, οἴκημαι, Ion. ᾤκισμαι οἰκ——, Ion.	ᾤκησα, ᾠκίσθην ᾤκισα, ᾠκίσθην ᾤκισα	Imp. ᾤκεον, οἴκεον, 1 aor. Ep. ᾤκιθεν = ᾠκήθησαν
οἰκίζω	found, settle	οἰκιῶ				
οἰκτείρω οἰμώζω	pity lament	οἰκτερῶ οἰκτειρήσω, L. οἰμώξομαι		οἰμώκωμαι ᾤμ——	οἴκτειρα οἰκτείρησα, L. ᾤμωξα	
οἰνοχοέω	pour wine	οἰνοχοήσω			οἰνοχόησα ?	1 aor. part. pass. οἰνοχοηθείς Imp. οἰνοχόεον, ᾤνοχ-, ἐῳνοχ-. Aor. 1 inf. οἰνοχοῆσαι

οἴομαι—ὀσφραίνομαι

VERBS.	English.	Future.	Perfect.	Perf. pass.	1st Aorist.	2nd Aorist.	2nd Perfect.	Remarks, &c.
οἴομαι οἴω οἴμαι	think	οἰήσομαι	. .	. .	ᾠησάμην, L. ᾠισάμην, Ep. οἰ- ᾠήθην ᾠΐσθην, Ep.	. .	. .	ᾠιόμην, ᾠόμην, ᾤμην. Inf. 1 aor. Ep. οἰσθῆναι, L. 2 sing. pres. οἴει
οἴχομαι	go, am gone	οἰχήσομαι	οἴχωκα ᾦ- -ηκα ᾠλίσθηκα	οἴχημαι, Ion. ᾤχ—	. .	. .	. .	Imp. ᾠχόμην. Pl. perf. οὐχώ- κεα, Ion.
ὀλισθαίνω	slip up	ὀλισθήσω			ὠλίσθησα, L.	ὤλισθον	. .	ὀλισθάνω is another form of pres.
ὀλλύμι -ύω	destroy	ὀλῶ, Att. -έω, L. ὀλέσω, Ep.			ὤλεσα ὄλεσα, Ep. (σσ) ὠλέσθην, L.	ὠλόμην	ὄλωλα, am undone	Imp. ὀλέεσκον, freq. 2 aor. m. part. ὀλόμενος and οὐλό- μενος
ὀλολύζω ὀλοφύρο-μαι	shout lament	ὀλολύξομαι ὀλοφύρουμαι (σσ)			ὠλόλυξα, ὀλ- unaug. ὠλοφυράμην	. .	. .	1 aor. part. ὀλοφυρθείς
ὀμαρτέω	accompany	ὀμαρτήσω	ὀμώμοκα	ὀμώμομαι -ροσμαι	ὡμάρτησα ὤμοσα, -σσα, Ep. -σθην ὀμόσσα (σ)	ὤμαρτον	. .	
ὀμνῦμι -ύω	swear	ὀμοῦμαι* ὀμόσω, L.			ὀμώθην ὀμοιώθην	. .	. .	Imp. ὤμνυον. F. pass. ὁμο- σθήσομαι. *-εῖ, -εῖται, &c.
ὁμοιόω ὁμολογέω	make like confess	ὁμοιώσω ὁμολογήσω	ὡμολόγηκα	ὡμοίωμαι ὡμολόγη-μαι	ὡμοίωσα, ὡμοιώθην ὡμολόγησα	. .	. .	
ὀμόργνυμι ὀνειδίζω ὀνίνημι	wipe reproach assist	ὀμόρξω ὀνειδιῶ ὀνήσω -ασῶ, Dor.	ὠνείδικα	ὤνημαι, r.	ὤμορξα, ὡμορξάμην ὠνείδισα ὤνησα, -ασα, Dor. ὠνήθην -άθην, Dor.	ὠνάμην -ημην, -ήσο -ητο	. .	1 aor. ὀμορχθείς Pres. and imp. like ἵστημι. 2 aor. Imp. ὠφέλουν used. Imp. ὠφέλουν used. 2 aor. opt. ὀναίμην. Imper. ὄνησο. Inf. ὄνασθαι, ὀνήσθαι

		ὀνομάσω	ὀνόμακα	ὀνόμασμαι	ὠνόμασα, ὠνομάσθην	ὠνάμην	Pres. and Imp. like δίδομαι
ὀνομάζω name, ὀνυμάζω, Ion. ὄνομαι think lightly of, reproach		ὀνόσομαι (σσ)			ὀνύμαξα, Æol. ὠνοσάμην, ὠνόσθην		
ὀξύνω sharpen			ὤξυγκα	ὤξυμμαι			Aor. 1 ὀξυνθείς
ὁπλίζω arm	ὁπλοῦμαι, L.				ὡπλισάμην, ὡπλίσθην		
ὀπύω marry	ὀπύω						Imp. ὤπυον, ὤπυον. Act. to marry, said of the man. M. and pass. to be married, of the woman
ὁράω see -έω, Ion. -όω, Ep.	ὄψομαι		ἑώρακα, ἑόρακα	ἑόραμαι, ὦμμαι	ὠνάμην, rare, ὤφθην	εἶδον εἰδόμην, M. id	Imp. ἑώρων, ἑόρων; Ion. ὥρεον, ὥρων, ὁρώμην pass. F. pass. ὀφθήσομαι. 2 sing. fut. ὄψει, Ion. ὄψεαι. 2 aor. imperat. ἰδέ, mid. ἰδοῦ 1 aor. pass. inf. ὁραθῆναι
ὀρέγω ὀρέγνυμι stretch out	ὀρέξω			ὀρώρεγμαι, ὀρώρεγμαι 3 pl. Ep. ὀρώρεχαται Plup. -ατο	ὤρεξα, ὠρέχθην		F. pass. ὀρεχθήσομαι
ὀργίζω exasperate	ὀργιῶ ὀργιοῦμαι			ὤργισμαι	ὤργισα, ὠργίσθην		Poet. form ὁρμαίνω, a. ὥρμηνα
ὁρμάω incite	ὁρμῶ, ὁρμήσω		ὥρμηκα	ὥρμημαι	ὥρμησα, ὡρμήθην		
ὄρνυμι -ύω rouse	ὄρσω, ὀρούω			ὄρωρα	ὦρσα, ὤρθην		Imp. ὤρνυον. 2 a. sync. inf. ὄρθαι, ὤρθαι
ὁρίζω bound, ὁρίω οὐρ-, Ion.	ὁρίσω ὁριοῦμαι ὁριῶ		ὥρικα	ὥρισμαι	ὥρισα, οὐρ-, Ion.		
ὀρύσσω -ττω dig	ὀρύξω		ὀρώρυχα	ὀρώρυγμαι	ὤρυξα, ὠρύχθην		F. pass. ὀρυχθήσομαι. Plup. pass. ὀρωρύγμην, ὠρωρύγμην
ὀσφραίνομαι smell	ὀσφρήσομαι				ὠσφρόμην, L.		Aor. 2 Ion. ὀσφράμην

ὀτρῡ́νω—πεινᾱ́ω.

VERBS.	English.	Future.	Perfect.	Perf. pass.	1st Aorist.	2nd Aorist.	2nd Perfect.	Remarks, &c.
ὀτρῡ́νω	urge, rouse	ὀτρῡνέω, Ep. for ὀτρῡνῶ	. .	. .	ὤτρῡνα	. .	. .	Imp. freq. ὀτρύνεσκον
οὐτάω	wound, Poet.	οὐτήσω -ά́σω	. .	οὔτασμαι	οὔτησα, οὔτησην -άσα	οὔταν	. .	1 aor. freq. οὐτήσασκε
ὀφείλω	owe, ought -έλλω, Ep.	ὀφειλήσω	ὠφείληκα	. .	ὠφείλησα, ὠφειλήθην	ὤφελον ὄφελον	. .	Imp. ὄφελον, ὤφελλον. Aor. ὤφελον used only as a wish
ὀφέλλω, increase, Ep. assist		ὀφελῶ	. .	. .	ὤφελα	. .	. .	Imp. ὤφελλον
ὀφλισκάνω	am guilty of	ὀφλήσω	ὤφληκα	ὤφλημαι	ὤφλησα	ὤφλον	. .	Inf. 2 aor. ὀφλεῖν
ὀχέω	carry, bear	ὀχήσω	. .	. .	ὤχησα, ὠχρόμην, ὠχήθην	. .	. .	Imp. ὠχεῖτο
παιδεύω	instruct	παιδεύσω	πεπαίδευκα	πεπαίδευμαι	ἐπαίδευσα, ἐπαιδεύθην	. .	. .	F. pass. παιδευθήσομαι
παίζω -ίσδω, Dor.	sport	παίξομαι παίξω, L. παιξοῦμαι, Att.	πέπαικα -χα, L.	πέπαισμαι, -γμαι, L.	ἔπαισα, -ξα ἐπαίχθην	. .	. .	
παίω	strike	παίσω -ήσω, Poet.	πέπαικα, in comp.	πέπαισμαι, L.	ἔπαισα, ἐπαίσθην	. .	. .	1 aor. Ep. ἐπάληρα
παλαίω	wrestle	παλαίσω	πεπάλαικα	πεπάλαισμαι	ἐπάλαισα, ἐπαλαίσθην	. .	. .	
πάλλω	shake	(παλῶ)	. .	πέπαλμαι	ἔπηλα	πέπαλον ἐπάλην, Ep.	πέπηλα	2 aor. sync. πάλτο. Part. πεπαλών
πάομαι	taste	πᾱ́σομαι	. .	πέπασμαι	ἐπᾱσάμην ἐπασσ- ἐπᾱσάμην	. .	. .	
πάομαι	acquire	πᾱ́σομαι	. .	πέπᾱμαι	ἐπᾱσάμην	. .	. .	P.-p. f. πεπάσομαι. Pl. perf. ἐπεπᾱ́μην. 3 sing. πέπᾱτο
παραινέω	exhort	παραινέσω -ήσω, Ep.	παρήνεκα	παρῄνημαι	παρῄνεσα, παρῃνέθην	. .	. .	Imp. 3 sing. παρῄνει. 1 aor. Ion. παραίνεσα

παρανομέω transgress	παρανομήσω	παρανενόμηκα	.	παρηνόμησα, παρεν-	.	.	Imp. παρηνόμουν, παρ-πass. infin. παρανενο-μῆσθαι
παροινέω behave rudely	παροινήσω	παρῳνόμηκα πεπαρῴνηκα	πεπαρῴνη-μαι	ἐπαρῴνησα παρ——ἐπαρῴνηθην ἐπαρῴνησάμην	.	.	Imp. ἐπαρῴνουν (οί)
παρρησιά-ζομαι speak bold ly	παρρησιάσομαι	.	πεπαρρη-σίασμαι	ἐπαρρησιασάμην	.	.	.
πάσσω sprinkle -ττω, Att.	πάσω	.	πέπασμαι	ἔπασα, ἐπάσθην	.	.	.
πάσχω feel, suffer	πείσομαι, πήσ-	.	.	ἔπρα ?	ἔπαθον	πέπονθα πέπηθα, Ep. πέποσχα, Dor. rare	Pl.perf ἐπέπαστο and πέπαστο πέποσθε for πεπόνθατε, 2 pl. 2 per.
πατάσσω strike	πατάξω	.	πεπάταγμαι	ἐπάταξα, ἐπατάχθην	.	.	F. pass. πατάχθησομαι
πατέομαι taste. (See πάομαι)	.	.	.	.	.	.	.
παύω repress	παύσω	πέπαυκα	πέπαυμαι πεπαύομαι	ἔπαυσα, ἐπαύθην ἐπαύσθην	ἐπαύην ?	.	F. pass. παυθήσομαι. Imp. freq. παύεσκον. P.-p. f. πεπαύσομαι
πείθω persuade	πείσω	πέπεικα	πέπεισμαι	ἔπεισα, ἐπείσθην	ἔπιθον πίθον, Poet. πέπιθον, Ep. ἐπίθομεν	πέποιθα πέποιθεα, Ep.	F. pass. πευσθήσομαι. Imper. perf. pass. πέπεισθι, r. 2 aor. used only in redupli-cated form by Homer. Fut. mid. πείσομαι and πίσομαι, L sync. 1 pl. plupf. m. ἐπί-πιθμεν
πείκω, Ep. shear	πέξω, Dor.	.	.	ἔπεξα, ἐπέχθην	.	.	.
πεινά ω be hungry	πεινήσω πεινάσω, r.	πεπείνηκα	.	ἐπείνησα	.	.	Contracts by η instead of α, as πεινάει, πεινῇ. Infin. πεινῆν

πειράω—πίμπρημι.

VERBS.	English.	Future.	Perfect.	Perf. pass.	1st Aorista.	2nd Aorista.	2nd Perfect.	Remarks, &c.
πειράω	try, prove	πειράσω -ήσω, Ion. & Ep. πειρασοῦμαι, Dor.	πεπείρακα	πεπείραμαι -ημαι, Ion. & Ep.	ἐπείρασα -ησα, Ion. & Ep. ἐπειράθην -ήθην	. . .	. . .	α changed into η in Ionic forms
πείρω	pierce, traverse	περῶ	. . .	πέπαρμαι	ἔπειρα	ἐπάρην	. . .	
πελάζω πελάω	bring near	πελάσω -σω πελῶ, Att.	. . .	πέπλημαι	ἐπέλασα, -σα ἐπελάσθην ἐπλάθην, Poet. ἐπλάσθην	ἐπλήμην	. . .	πελάω. Inf. Ep. πελάαν. Att. pr. πελάθω
πέλω	I am	. . .	πέπονθα	. . .	. . .	. . .	. . .	Imp. ἔπελον. Sync. ἔπλε, πέλον, πελέσκεο freq. Used for εἰμί by the Poets
πέμπω	send	πέμψω	. . .	πέπεμμαι	ἔπεμψα, ἐπέμφθην	. . .	. . .	
πευθέω	. . .	πευθήσω	πεπένθηκα	. . .	. . .	. . .	. . .	The defective tenses are supplied by ἀποστέλλω Inf. pres. Ep. πευθήμεναι = εὑ F. pass πευθήσομαι
πεπαίνω	make soft	πεπανῶ	. . .	. . .	ἐπέπανα, ἐπεπάνθην	. . .	. . .	
περαίνω	end	περανῶ	. . .	πεπέρανμαι	ἐπέρανα, ἐπεράνθην	. . .	. . .	F. pass. περανθήσομαι, Dor. 3 sin. perf p. πεπέρανται
περαιόω	set over	περαιώσομαι	. . .	. . .	ἐπεραίωσα ἐπεραιώθην	. . .	. . .	
περάω	go over	περάσω -ήσω, Ep. & Ion.	πεπέρακα	. . .	ἐπέρασα	. . .	. . .	Imp. περάασκε. Inf. pr. περάαν
περάω, Ep.sell		περάσω περῶ, Att.	. . .	πεπέρημαι	ἐπέρασα, -σα, Ep.	. . .	. . .	See πιπράσκω
πέρθω	destroy	πέρσω	πέπορθα, L.	. . .	ἔπερσα πέρσα, Ep.	ἔπραθον, Ep. ἐπραθόμην	. . .	Inf. 2 aor. πέρθαι for πέρθεσθαι

πέσσω -ττω -πτω, L.	cook	πέψω	πέπεκα	πέπεμμαι	ἔπεψα, ἐπέφθην		F. pass. πεφθήσομαι
πέταμαι, πετάννυμι -όω	fly expand	πετάσω, πετῶ		πετέρακα	πεπέτασμαι πεπτάμαι, Att.	ἐπετάσθην ἐπέτασα, ἐπετάσθην πέτασα		Like ἵσταμαι. Aor. 2 sync. ἔπτην. Aor. m. ἐπτόμην
πέτομαι	fly, (see πτάομαι)	πετήσομαι πτήσομαι πεφήσομαι				ἐπτόμην	Inf. Ep. πετρέμεν 2 pl. perf. ἐπεπτήγειν
πέφνω	kill	πήξω	πέπηχα, rare	πέπηγμαι	ἔπηξα, -αξα, Dor. ἐπήχθην ἐπάχθην, Dor. πήχθην, Ep.	ἔπεφνον, πέφνον ἐπάγην, ἐπηγρόμην, L.	πέπηγα πέπαγα, Dor.	
πηγνυμι -ύω	fix, fasten							
πηδάω -έω, Ion. πηδάω, Dor.	leap	πηδήσω, L. πηδήσομαι	πεπήδηκα		ἐπήδησα			
πημαίνω	injure	πημανῶ, Ep.			ἐπήμηνα, ἐπημάνθην			
πιάζω πιέζω	grasp, seize press	πημανέω, Ep. πιέσω		πεπίασμαι πεπίεσμαι -γμαι	ἐπίαξα, ἐπιάσθην ἐπίεσα, ἐπιέσθην			πιάζω is Dor. for πιέζω
πίμπλη-μι (4)	fill	πλήσω	πέπληκα	πέπλησμαι πέπλησμαι	ἔπλησα, ἐπλήσθην	ἐπλήμην πλήμην, Opt. πλείμην		F. pass. πλησθήσομαι. Imp. ἐπίμπλην. Pres. and imperf. like ἵστημι. Inf πιμπλάναι
πίμπρη-μι (4) -ράω	burn	πρήσω	πέπρηκα	πέπρησμαι πέπραμαι	ἔπρησα, ἐπρήσθην ἔπρεσε			F. pass. πρησθήσομαι, L. Imp. ἐπίμπρην. Pres. and imperf. like ἵστημι. P.-p. f. πεπρήσομαι. Imperat. πίμπρη for πίμπραθι

NOTE 4. In Comp. when μ precedes π the second π is rejected, as ἐμπίπλημι, but resumed when the augment is interposed.

40 πυνύσκω—πολιτεύω.

VERBS.	English.	Future.	Perfect.	Perf. pass.	1st Aorists.	2nd Aorists.	2nd Perfect.	Remarks, &c.
πυνύσκω -σσω	make wise	. .	. .	. .	ἐπίνυσσα	. .	. .	Imp. ἐπίνυσσον
πίνω	drink	πί ομαι, πίοῦμαι, rare	πέπωκα	πέπνυμαι	ἐπίνυσθην, L. ἐπόθην	ἔπιον	. .	F. pass. ποθήσομαι. Imper. πίες, π3θ. Inf. 2 aor. πιεῖν, πίεσθα Ep. 2 sing. aor. 2 subj. Ion. part. πινεύμενος
πιπίσκω	give to drink	πίσω	. .	. .	. .	. .	. .	
πιπράσκω -ήσκω, Ion.	sell	. .	πέπρακα	πέπραμαι	ἔπσσα, ἐπιόσθην, L ἐπράθην ἐπρήθην, Ion.	. .	. .	F. pass. πραθήσομαι. P.-p. f πεπράσομαι. Ionic forms change α into η, as πιπρήσκω. Fut. and aor. supplied from περάω
πίπτω	fall	πεσοῦμαι -έομαι, Ion.	πέπτωκα -πκα, L	. .	ἔπεσα?	ἔπεσον ἔπετον, Æol. and Dor.	. .	Perf. part. Ep. πεπτηώς, πεπτώς Att.
πλάζω	cause to wander	πλάγξω	πεπλάγηκα	πεπλάγη-μαι	ἐπλαγξα, ἐπλάγχθην	. .	. .	
πλανάω	cause to wander	πλανήσω	πέπλακα, L	πεπλάνη-μαι	ἐπλανήθην	. .	. .	F. pass. πλανηθήσομαι
πλάσσω -ττω	form	πλάσω	πέπλακα, L	πέπλασμαι	ἔπλασα, ἐπλάσθην	. .	. .	
πλέκω	knit	πλέξω	πέπλεχα	πέπλεγμαι	ἔπλεξα, ἐπλέχθην	ἐπλάκην ἐπλέκην	. .	F. pass. πλεχθήσομαι
πλέω -είω, Ion.	sail	πλεύσω, L πλεύσομαι -οῦμαι	πέπλευκα	πέπλευσμαι	ἔπλευσα, ἐπλεύσθην	. .	. .	F. pass. πλευσθήσομαι. ee and εει only contracted by Attics
πλήθω -άθω, Dor.	to be full	πλήσω	. .	. .	. .	. .	πέπληθα	2 pluper. ἐπεπλήθειν. See πίμπλημι

		πληρώσω	πεπλήρωκα	πεπλήρω-μαι	ἐπλήρωσα, ἐπληρώθην			
πληρόω	fill							F. pass. πληρωθήσομαι
πλήσσω strike -ττω πλήγνυμι		πλήξω	πέπληγα	πέπληγμαι, -σμαι, Dor.	ἔπληξα, ἐπλήχθην πλᾶξα, Dor., πλῆξι Dor. ἐπλάξάμην	ἐπέπληγον, Ep. πέπληγον ἐπλήγην, Pass. ἐπλάγην, Dor. πεπληγώμην, Ep.	πέπληγα	P.-p. f. πεπλήξομαι. Inf. pass. ἐκπληγύνεσθαι
πλύνω wash		πλῦνῶ, -έω, Ep. ἐκπλυνοῦμαι, M. in comp.	πέπλυκα	πέπλυμαι	ἔπλυνα, ἐπλύθην -νθην, L.			Imp. freq. πλύνεσκον
πλώω, sail (Poet. & Ion. for πλέω)		πλώσω, L.	πέπλωκα		ἔπλωσα	ἔπλων, -ως, -ω		
πνέω, blow, -έω, breathe Poet.		πνεύσω, L. πνεύσομαι & πνευσοῦμαι	πέπνευκα	πέπνευμαι, L. -σμαι	ἔπνευσα, ἐπνεύσθην, L.			F. pass. πνευσθήσομαι, L. Plup. as imperf. πεπνύμην. Perf. pass. πέπνυμαι, Poet.
πνῖγω strangle		πνίξω -οῦμαι, M.		πέπνιγμαι	ἔπνιξα	ἐπνίγην		
ποθέω desire, regret		ποθήσω -έσομαι, M.	πεπόθηκα	πεπόθημαι	ἐπόθησα, ἐποθέσθην -θετα			Imp. freq. ποθέεσκον. Not augmented by Homer
ποιέω do, make		ποιήσω ποιοῦμαι, M. Dor. ποιήκω,	πεποίηκα	πεποίημαι	ἐποίησα, ἐποιήθην			P.-p. f. πεποιήσομαι. 3 pl. 1 aor. ἐποιούσαν, L
πολεμέω wage war		πολεμήσω	πεπολέμηκα		ἐπολέμησα ἐπολεμήθην			P. pass. πολεμηθήσομαι. Ep. form πολεμίζω, πτ-. Fut. -ξω
πολιορκέω besiege		πολιορκήσω	πεπολιόρ-κηκα	πεπολιόρ-κημαι	ἐπολιόρκησα ἐπολιορκήθην			F. p. πολιορκηθήσομαι
πολιτεύω be a citizen		πολιτεύσω	πεπολίτευκα	πεπολίτευ-μαι	ἐπολίτευσα ἐπολιτεύθην			

42 πονέω—ῥυγέω.

VERBS.	English.	Future.	Perfect.	Perf. pass.	1st Aorist.	2nd Aorist.	2nd Perfect.	Remarks, &c.
πονέω	labour, suffer pain	πονήσω	πεπόνηκα	πεπόνημαι -αμαι, Dor.	ἐπόνησα, ἐπονήθην	. .	. .	Fut. and aor. πονέσω, -εσα, when signifying pain. F. pass. πορευθήσομαι, rare
πορεύω	cause to go, convey	πορεύσω	. .	πεπόρευμαι	ἐπόρευσα, ἐπορεύθην	. .	. .	
πορίζω	open a way, find	ποριῶ, Att.	. .	πεπόρισμαι	ἐπορισάμην, ἐπορίσθην	. .	. .	
πορεῖν	give (A poetic 2nd aorist)	. .	. .	. .	. .	ἐπορον, πόρον	. .	3 sing. plu-p. πέπορτο
ποτάομαι -έομαι	fly	ποτήσομαι	. .	πεπότημαι -άμαι, Dor.	ἐποτήθην -ά'θην, Dor.	. .	. .	This verb is Poet. for πέτομαι
πραγματεύομαι	be engaged in	. .	. .	πεπραγμάτευμαι	ἐπραγματευσάμην -εύθην	. .	. .	Ionic πρήγ-, ἐπρήγ-
πράσσω -ττω	do	πράξω	πέπρᾱχα	πέπρασμαι	ἔπραξα, ἐπράχθην	. .	πέπραγα	F. pass. πραχθήσομαι. P.-p. fut. πεπράξομαι
πρήσσω, Ep. & Ion.	soothe	πρηΰνῶ	. .	πεπρηϋσμαι ἢ -υμαι, L. Ion.	ἐπρηϋνα, ἐπραΰνθην -ύνα, Ion.	. .	. .	
πραΰνω πρηϋνω, Ion.								
πρέπω	be conspicuous	πρέψω	. .	. .	ἔπρεψα	. .	. .	Sometimes used impersonally
πρήσσω (Ionic for πράσσω)								
πρίω (πρίαμαι) Inflected like ἵστα-μην	buy	πρήξω	πέπρηχα	πέπρηγμαι	ἔπρηξα, ἐπρήχθην	ἐπριάμην πρίωμαι	πέπρηγα	A defect. aor. 2. Imper. πρί-ασο. Inf. πρίασθαι. Opt. πριαίμην. Conj. πρίωμαι
πρίω	saw, gnash the teeth	πρίσω	. .	πέπρισμαι	ἔπρισα, ἐπρίσθην	. .	. .	
προφασίζομαι	make pretext	προφασιοῦμαι	. .	προπεφάσισμαι προυφασίσθην	προὐφασισάμην προυφασίσθην	. .	. .	

Present	Future	Perfect	Perf. Mid./Pass.	Aorist	Aor. 2 / Other	Perfect 2	Remarks
πταίω — stumble							
πτήσσω — cower, crouch	πτήξω			ἔπτηξα		πεπτηώς part.	Ep. 2 aor. ἔπτην. 3 dual πτήτην
πτίσσω -ττω — pound	πτίσω		ἔπτισμαι	ἔπτισα, ἐπτίσθην	ἐπτίσκον		
πτύσσω — fold	πτύξω		ἔπτυγμαι	ἔπτυξα, ἐπτύχθην ἔπτυσα, ἐπτύσθην	ἐπτύγην ἐπτύην		
πτύω — spit	πτύσω	ἔπτυκα, L	ἔπτυσμαι	ἐπτύκασα, ἐπτυκάσθην	ἐπτύθμην		
πυκάζω — cover up	πυκάσω		πεπύκασμαι				2 aor. Ep. πεπυθόμην. Imper. Ion. πύθεν for πυθοῦ
πυνθάνομαι — know, inquire	πεύσομαι, πευσοῦμαι, r.		πέπυσμαι				πεύθομαι, Poet.
πυρέσσω -ττω — have fever	πυρέξω	πεπύρεχα		ἐπύρεξα			
ῥαίνω — sprinkle	ῥανῶ		ἔρρασμαι, ἔρραμαι, L	ἔρρανα, ἐρράνθην -ρνα, Ion.			ἐρράδαται 3 pl. perf. pass. ἔρρανσα 1 aor. Ep.
ῥαίω — destroy	ῥαίσω		ῥεράπισμαι	ἔρραισα, ἐρραίσθην ἐρράπισα, ἐρραπίσθην	ἔρραφον, L		
ῥαπίζω — scourge	ῥαπίσω				ἐρράφην		
ῥάπτω — stitch, sew	ῥάψω		ἔρραμμαι	ἔρραψα, ἐρράφθην ῥάψα, Ep.			
ῥάσσω — throw down	ῥάξω			ἔρραξα, ἐρράχθην			See ἀράσσω and ῥήσσω
ῥέζω — do	ῥέξω			ἔρρεξα, ἐρρέχθην ἔρεξα, Poet.			Imp. freq. ῥέζεσκον. See ἔρδω
ῥέω — flow	ῥεύσομαι, ῥυήσομαι	ἐρρύηκα	εἴρημαι	ἐρρεύσα	ἐρρύην		
(ῥέω) — say		εἴρηκα		ἐρρήθην, εἰρέθην, Ion. (η)	ἐρρέθην		F. pass. ῥηθήσομαι, P.-p. f. εἰρήσομαι. See εἴρω
ῥήγνυμι ῥηγνύω — break	ῥήξω		ἔρρηγμαι	ἔρρηξα, ἐρρήχθην	ἔρρᾰγην	ἔρρωγα	Imp. freq. ῥήγνυσκε. Poet. form ῥήσσω
ῥιγέω — shudder	ῥιγήσω			ἐρρίγησα, ῥίγησα		ἔρρῑγα	Dat. perf. part. ἐρρίγοντι

ῥυγόω—σκοπέω.

VERBS.	English.	Future.	Perfect.	Perf. pass.	1st Aorists.	2nd Aorists	2nd Perfect.	Remarks, &c.
ῥιγόω	shiver with cold	ῥιγώσω	ἐρρίγωκα		ἐρρίγωσα			Contracts in ω and ῳ instead of the regular ου and οι, as infin. ῥιγῶν for ῥιγοῦν, subj. ῥιγῷ for ῥιγοῖ, opt. ῥιγῴη for ῥιγοῖ.
ῥίπτω -έω	throw	ῥίψω	ἔρριφα	ἔρριμμαι	ἔρριψα, ἐρρίφθην ἔρυψα, Poet. ῥίψε	ἐρρῖφην ἐρίφην, Poet.		Imp. ῥίπτασκον freq. Ep. P.-p. f. ἐρρίψομαι. F. pass. ῥιφθήσομαι. Perf. p. inf. ῥερίφθαι.
ῥοίζω	whizz	ῥοίζησω			ἐρροίζησα, ῥοίζησα			Imp. freq. ῥοίζεσκε. Pl. pass. ἐρροίζυτο
ῥοφέω ῥοφέομαι	sup up defend	ῥοφήσω, -ομαι ῥύσομαι	ἐρρόφηκα		ἐρρόφησα ἐρρυσάμην, ῥυσάμην			Imp. 2 sing. ῥύσκευ, freq. Ep. Inf. ῥύσθαι for ῥύεσθαι. ἔρρυτο 3 sing. imp. as aor. F. p. ῥυσθήσομαι. Imper. ἔρρυσο, farewell. Inf. ἐρρύσσθαι
ῥώννυμι ῥωννύω ῥώομαι	strengthen hasten	ῥώσω ῥώσομαι		ἔρρωμαι	ἔρρωσα, ἐρρώσθην ἐρρωσάμην			
σαίνω σαίρω	fawn sweep	σανῶ σαρῶ			ἔσηνα, ἔσανα ἔσηρα			
σαλπίζω	sound a trumpet	σαλπίζω σαλπίσω, L. -ῶ			ἐσάλπιγξα (ἐσάλπισα) σαλπίγξα			
σαόω, Ep. σάττω σάω	preserve equip sift	σαώσω σάξω, -σῶ		σέσαγμαι σέσηπμαι σέσαγμαι	ἐσάωσα, ἐσαώθην ἔσαξα, ἔσασα ἔσησα		σέσηπα	2nd perf. I smell, grin. Part. σεσηπώς. Dor. σεσαπώς. Fem. Ep. σεσηπυῖα See σώζω 3 plup. pass. pl. Ion. ἐσεσάχατο 3 pl. pres. σῶσι. Common form of pres. σήθω

σβέννυμι	extinguish	σβέσω		ἔσβηκα		ἔσβεσα, ἔσβεσθην	ἔσβην	Sync. 3 s. p. σβεῖται, 3 pl. p. σβοῦνται. Imper. σβοῦσθω. Imp. ἔσβεσον: generally takes σσ in augmented tenses. Inf. perf. p. σεσβίμανθαι
σβαίνω		σβήσομαι						
σεβίζω	reverence	σεβίσω, -ῶ Att.					ἐσβᾶν, Dor.	
σείω	shake	σείσω		σέσεικα	σέσεισμαι	ἔσεισα, ἐσείσθην		
σεύω, Poet.	move, urge				ἔσσυμαι	ἔσσευα, ἐσσύθην	ἐσσύμην, sync. ἔσσυο, -ύτο	
σήθω	(see σάω)					σεύαμην, Μ., ἐσύθην		
σημαίνω	show	σημανῶ -έω, Ion.		σεσήμαγκα, L	σεσήμασ-μαι σέσημμαι	ἐσήμηνα, ἐσημάνθην ἐσήμανθην		Inf. perf. p. σεσημάνθαι
σήπω	corrupt	σήψω		σέσηπα	σέσημμαι	ἔσηψα, ἐσήφθην, L.	ἐσάπην	F. pass. σεσηθήσομαι. P.-p. fut. σεσύψησομαι
σιγάω	be silent	σιγήσω, L.		σεσίγηκα	σεσίγημαι -άμαι, Dor.	ἐσίγησα, ἐσιγήθην -άθην, Dor.		In Att. and Homer only pres. and imp.
σίνομαι	injure	σινήσομαι			σέσιμμαι	ἐσινάμην		F. pass. σεσινηθήσομαι
σιωπάω	be silent	σιωπήσομαι		σεσιώπηκα	σεσιώπημαι ἔσαμμαι	ἐσιώπησα, ἐσιωπήθην		This verb is often found in Epic writings without σ
σκάπτω	dig	σκάψω		ἔσκαφα		ἔσκαψα	ἐσκάφην	
σκεδάννυμι	scatter	σκεδάσω σκεδῶ, Att. -ᾷς, -ᾷ, &c.			ἐσκέδασμαι	ἐσκέδασα, ἐσκεδάσθην		More in use in pass. σκέλλομαι. Fut. -οῦμαι. Part. perf. syn. ἐσκλώς. Fut. p. σκλήσομαι
-ννυω									
σκέλλω -έω	dry up	σκελῶ, -έω		ἔσκληκα		ἔσκηλα, σκέλλεε, Ep.	ἔσκλην	
σκέπτομαι	view	σκέψομαι			ἔσκεμμαι	ἐσκεψάμην, ἐσκέφθην	ἐσκέπην, L	P.-p. fut. ἐσκέψομαι. For pres. and imp. Attics used σκοπέω
σκευάζω	prepare	σκευάσω		ἐσκεύακα	ἐσκεύασμαι ἐσκήμμαι	ἐσκεύασα, ἐσκευάσθην ἐσκηψάμην		3 pl. perf. p. ἐσκευάδαται
σκήπτω	prop	σκήψω		ἔσκηφα	ἔσκημμαι	ἐσκηφθην ἐσκεδάσθην		
σκιδνημι	scatter					ἐσκόπησα, ἐσκευψάμην ἐσκέφθην		See σκεδάννυμι. Imp. pass. ἐσκιδνάμην
σκοπέω	see, view	σκοπήσω, L σκέψομαι			ἔσκεμμαι			P.-p. f. ἐσκέψομαι. Tenses from σκέπτομαι

σκώπτω—ταλάω.

VERBS.	English.	Future.	Perfect.	Perf. pass.	1st Aorists.	2nd Aorist.	2nd Perfect.	Remarks, &c.
σκώπτω	jeer	σκώψω	. .	ἔσκωμμαι	ἔσκοψα, ἐσκώφθην	. .	. .	
σμάω -έω, Ion.	anoint	σμήσω -άσω, Dor.	. .	ἔσμωμαι . .	ἔσμηρα, -ηξα -ασάμην, Dor. ἐσμήχθην	. .	. .	Contr. in η, as pres. σμῶ, σμῇς, &c. Inf. σμᾶν
σμύχω	burn	σμύξω	ἔσμυκα	ἔσμυγμαι	ἔσμυξα, ἐσμύχθην	ἐσμύγην, L.	. .	
σπάω	draw	σπάσω	ἔσπακα	ἔσπασμαι	ἔσπασα, ἐσπάσθην	. .	. .	F. pass. σπασθήσομαι
σπείρω	sow, scatter	σπερῶ	ἔσπαρκα	ἔσπαρμαι	ἔσπειρα, ἐσπάρθην	ἐσπάρην	ἔσπορα	F. pass. σπαρθήσομαι
σπεύδω	pour	σπείσω	ἔσπεικα, L.	ἔσπεισμαι	ἔσπεισα, ἐσπείσθην	. .	. .	Pres. subj. Ep. σπεύδρσθα
σπεύδω	speed	σπεύσω	. .	. .	ἔσπευσα	. .	. .	
σπουδάζω	be eager	σπουδάσω, L.	ἐσπούδακα	ἐσπούδασμαι	ἐσπούδασα	. .	. .	
(σταθμάω) -ομαι	measure	σταθμήσω	. .	. .	ἐστάθμησα ἐστάθμημαι	. .	. .	
στείβω	tread	. .	. .	ἐστίβημαι	ἔστειψα	ἔστιβον ἐστίβην	. .	Imp. ἔστειβον, στεῖβον
στέλλω	send, send for	στελῶ στελέω, Ep.	ἔσταλκα	ἔσταλμαι	ἔστειλα, ἐστάλθην, r.	ἐστάλην	. .	ἐσταλάδατο, 3 pl. pluper. for ἐστάλατο ?
στενάζω	groan	στενάξω	. .	ἐστένεγμαι	ἐστέναξα	. .	. .	
στέργω	love	στέρξω	. .	ἔστεργμαι	ἔστερξα, ἐστέρχθην	. .	. .	
στερέω	deprive	στερήσω -έσω	ἐστέρηκα	ἐστέρημαι	ἐστέρησα, ἐστερήθην ἐστέρεσα, Ep.	. .	ἔστορρα	F. pass. στερηθήσομαι. Pass. pres. also στέρομαι, I am without
στερίσκω		στερούμαι						
στέφω	encircle	στέψω	. .	ἔστεμμαι	ἔστεψα, ἐστέφθην	. .	. .	
στηρίζω	support, fix	στηρίξω -σω, -ιῶ	. .	ἐστήριγμαι	ἐστήριξα, ἐστηρίχθην -σα, L.	. .	. .	
στίζω	prick	στίξω	. .	ἔστιγμαι	ἔστιξα	. .	. .	Infin. per. ἐστίχθαι

στορέννυμι spread, lay	στορέσω		ἐστόρεσμαι	ἐστόρεσα, ἐστορέσθην			Imper. στόρνυ for στόρνυθι.
στόρνυμι out	στορῶ, Att.			ἐστορήθην			
στρώννυμι	στρωννύσω			ἔστρωσα, ἐστρώθην			
στρώννυω	στρώσω						
στρέφω turn	στρέψω	ἔστροφα	ἔστραμμαι	ἔστρεψα, ἐστρέφθην	ἐστράφην		1 aor. Dor. and Ion. ἐστράφθην
στυγέω hate, dread	στυγήσω	ἐστύγηκα	ἐστύγημαι, L. ἔστυξα	ἐστύγησα, ἐστυγήθην ἔστυγον			1 aor. has the meaning, *made terrible*
συλλέγω gather, collect	συλλέξω	συνείλοχα	συνείλεγμαι συλλέλεγμαι	συνέλεξα, συνελέχθην	συνελέγην		
συναντάω meet with, -έω, Ion. happen	συναντήσω, L.	συνήντηκα, L.	συνήντημαι	συνήντησα	συναντήτην, 3 Dual?		Imp. 3 dual Ep. συναντήτην
συρίζω play on a -ίττω pipe	συρίξω, -ομαι -συ, -ῶ		ἐσύριγμα	ἐσύριξα, -σα, L.			συρίσδω, Dor. pres.
σύρω draw	συρῶ	σέσυρκα	σέσυρμαι	ἔσυρα	ἐσύρην		
σφάζω slay -ττω, Att.	σφάξω		ἔσφαγμαι	ἔσφαξα, ἐσφάχθην	ἐσφάγην		Perf. in comp. σεσύρηκα
σφάλλω trip up, deceive	σφαλῶ	ἔσφαλκα	ἔσφαλμαι	ἔσφηλα ἔσφαλα, Dor.	ἐσφάλην		
σφίγγω bind, fasten	σφίγξω, L.		ἔσφυγμαι	ἔσφιγξα, ἐσφίγχθην			
σχάζω cut open	σχάσω		ἔσχασμαι	ἔσχασα, ἐσχάσθην			Imp. ἔσχων. 3 pl. imp. ἐσχά-ζοσαν
σῴζω save	σώσω	σέσωκα	σέσωσμαι -σμαι	ἔσωσα, ἐσώθην -σθην			F. pass. σωθήσομαι. Epic forms σαόω, σοῶ
σῴζω, Dor.	σώξω, Dor.			ἔσωξα, Dor.			
ταλάω bear, suffer (τλάω, syn.)	τλήσομαι τλᾶ σομαι, Dor.	τέτληκα		ἐτάλασσα, Ep.	ἔτλην (5) ἔτλαν, Dor.		No present or imp. in use. Opt. perf. τετλαίην. Imper. τέτλαθι. (Perf. pl. τέτλαμεν, -ᾶτε, &c.) Perf. part. τετληώς

NOTE 5. Like ἔστην, subj. τλῶ, imp. τλῆθι, opt. τλαίην, inf. τλῆναι, part. τλάς.

ταννω—τινυμαι.

VERBS.	English.	Future.	Perfect.	Perf. pass.	1st Aorist.	2nd Aorist.	2nd Perfect.	Remarks, &c.
τανύω (Ep. of τείνω)	stretch	τανύ̄σω -ύσσω -ύω	. . .	τετάνυσμαι	ἐτάνυσα, ἐτανύσθην τάνυσα ἐτάνυσσα	. . .	. . .	P.-p. f. τετανύσσομαι. 3 sing. pres. pass. τάνυται, as from τανύμαι
ταράσσω -ττω, Att.	disturb	ταράξω	τετάραχα τέτρηχα, Ep.	τετάραγμαι	ἐτάραξα, ἐταράχθην	. . .	. . .	
ταρχύω τάσσω -ττω, Att.	bury arrange	ταρχῡ́σω τάξω	. . . τέταχα	. . . τέταγμαι	ἐτάρχῡσα, ταρχῡ́θην ἔταξα, ἐτάχθην	ἐτάγην, rare	. . .	P.-p. f. τετάξομαι. 3 pl. perf. pass. τετάχαται, Ion, sometimes Att.
τέγγω τέθηπα,	wet (see θάπω)	τέγξω	. . .	. . .	ἔτεγξα, ἐτέχθην	. . .	. . .	
τείνω τειχίζω	stretch build a wall	τενῶ τειχιῶ	τέτᾰκα τετείχικα	τέταμαι τετείχισμαι	ἔτεινα, ἐτάθην ἐτείχισα, M. (σσ) ἐτειχίσθην	. . .	. . .	
τελευτάω	end, fulfil	τελευτήσω	τετελεύτηκα	. . .	ἐτελεύτησα -ῑσα, Dor. ἐτελεύτηθην	. . .	. . .	
τελέω -είω, Ep.	finish, accomplish	τελέσω -σσω, Ep. -έω, Ion.	τετέλεκα	τετέλεσμαι	ἔτελεσα, ἐτελέσθην -σσα	. . .	. . .	
τέλλω (6)	perform	τελῶ, Att. τελῶ -σω, Æol.	τέτἄλκα	τέταλμαι	ἔτειλα, ἐτάλθην -λσα, Æol.	. . .	. . .	
τέμνω τάμνω, Dor.	cut, despise	τεμῶ -έω, Ion.	τέτμηκα	τέτμημαι	ἔτμηθην	ἔτᾰμον ἔτεμον ἐταμόμην ἐτεμόμην	. . .	F. pass. τμηθήσομαι, L. Perf. part. Ep. τετμηώς. P.-p. f. τετμήσομαι. 2 aor. unaugmented by Homer. Perf. p. conj. τετμήοσθον

τέρπω	delight	τέρψω	. .	. .	ἔτερψα, ἐτέρφθην ἐτάρφθην, Ep.	ἐτάρπην, Ep. ταρπήν ἐταρπόμην ἐτάρπην	Inf. aor. ταρπήμεναι and ταρπῆναι. Subj. Ep. τραπείω for ταρπῶ, 2 aor. Ep. τεταρπόμην 2 aor. inf. τερπήμεναι, Ep. for τερφθῆναι. Pres. not found 1 aor. late ἐτέρπανα
(τέρσω τέρθω)	dry	τέρσω	. .	. .	ἔτερσα, L.	. .	. .
τετραίνω	bore	τετρανῶ -νέω, Ion.	τέτρηκα	τέτρημαι	ἐτέτρηνα, ἐτετράνθην	. .	P.-p. f. τετεύξομαι
τεύχω, Poet.	prepare, make	τεύξω	τέτευχα	τέτυγμαι τέτευγμαι, L	ἔτευξα, ἐτύχθην ἐτεύχθην, Ion.	τετυκεῖν, Inf. τετυκόμην, Ep.	. .
τεχνάομαι	form with art	τεχνήσομαι	. .	τετέχνημαι	ἐτέχνησα, rare	. .	. .
τήκω τάκω, Dor.	melt	τήξω τάξω, Dor.	τέτηκα τέτακα, Dor.	τέτηγμαι	ἔτηξα, ἐτήχθην	ἐτάκην	τέτρκα τέτυκα, Dor.
τηρέω	guard, watch	τηρήσω	τετήρηκα	τετήρημαι	ἐτήρησα, ἐτηρήθην	. .	. .
τίθημι -εμαι, M.	place	θήσω	τέθεικα τέθεκα, Dor.	τέθειμαι τέθεμαι, Dor.	ἔθηκα, ἔτεθην ἐθήκαμην, Ion. & Dor.	ἔθην, ἐθέμην	F. pass. τεθήσομαι. Imp. ἐτίθην. 2 s. pr. indic. τίθησθα in Homer. 3 pl. τιθεῖσι, Hom.; Att. and Ion. τιθεῖσι. Imp. Ion. τίθεσκον and ἐτίθεα
τίκτω	beget, bring forth	τέξω, τεκοῦμαι, Poet. τέξομαι, comm.	τέτοκα	τέτεγμαι τέτογμαι, L.	ἔτεξα, r. (?) ἐτέχθην	ἔτεκον ἐτεκόμην	F. pass. τεχθήσομαι
τίλλω	pluck	τιλῶ	. .	τέτιλμαι	ἔτιλα, ἐτίλθην	. .	. .
τιμάω	honour	τιμήσω	τετίμηκα	τετίμημαι	ἐτίμησα, ἐτιμήθην	. .	F. pass. τιμηθήσομαι. P.-p. f τετιμήσομαι
τινάσσω	shake	τινάξω	. .	τετίναγμαι	ἐτίναξα, ἐτινάχθην	. .	. .
τίνω	pray, expiate	τίσω	τέτικα	τέτισμαι	ἔτισα, ἐτίσθην	. .	In. pres. and imp. ῐ in Attic, ῑ in Epic
τίνυμαι, τίνυμι, Poet. M.							

Note 6. Of rare occurrence in its simple form, generally comp., as ἀνατέλλω, ἐντέλλω.   Note 7. Subj. ἐντέξῃ.

τιτράω—φαίνω.

VERBS.	English.	Future.	Perfect.	Perf. pass.	1st Aorist.	2nd Aorist.	2nd Perfect.	Remarks, &c.
τιτράω	bore	τρήσω	τέτρηκα	τέτρημαι	ἔτρησα	. .	. .	See τετραίνω
τετρώσκω	wound	τρώσω	. .	τέτρωμαι	ἔτρωσα, ἐτρώθην	. .	. .	F. pass. τρωθήσομαι. P. p. f. τετρώσομαι
τίω	value at, honour	τίσω	. .	τέτιμαι	ἔτισα	. .	. .	Imp. ἔτιον, freq. τίεσκον
(τλάω) τμήγω	bear cut. (See τέμνω)	τλήσομαι τμήξω	τέτληκα	. .	ἔτμηξα, ἔτμαξα, Dor.	ἔτλην ἔτμαγον ἐτμάγην ἐτμάγην, L.	. .	Imper. τλῆθι, see ταλάω τμάγεν, 3 pl. 2 aor. Ep. for ἐτμάγησαν
(τορέω)	pierce	τορήσω	. .	τετορημένος L, part.	ἐτόρησα	ἔτορον τέτορον	. .	Fut. also τετορήσω
τραχύνω τρηχύνω, Ion.	make rough	τραχυνῶ	τετράχυκα	τετράχυσ- μαι -υμαι	ἐτραχύνθην	. .	. .	
τρέπω τρέπω, Ion.	turn	τρέψω τράψω, Dor.	τέτροφα τέτραφα	τέτραμμαι	ἔτρεψα, ἐτρέφθην ἔτραψα, Ion. ἐτράφθην, Ep. & Ion.	ἔτραπον ἔτραπην ἐτραπόμην	. .	This verb has all the aorists
τρέφω τράφων, Dor.	nourish	θρέψω	τέτροφα τέτραφα	τέθραμμαι	ἔθρεψα, ἐθρέφθην	ἔτραφον ? ἐτράφην	. .	τραφέμεν, Inf. 2 aor.
τρέχω τράχω, Dor.	run	δραμοῦμαι -έομαι, Ion. θρέξω, -ομαι, L. δραμῶ, L.	δεδράμηκα	δεδράμμαι	ἔδρεξα	ἔδραμον	δέδρομα	Aor. freq. θρέξασμον. Dor. fut. θραξομαι and θραξοῦμαι
τρέω τρίβω τρύχω	tremble rub waste	τρέσω τρίψω τρύξω	τέτριφα	τέτριμμαι τετρύχωμαι	ἔτρεσα, τρέσσα, Poet. ἔτριψα, ἐτρίφθην ἐτρύχωσα, ἐτρυχώθην	ἐτρί βην	. .	

		τρίψω τρύξομαι	τέτριμμαι		ἔτριψα ἔτρυγον	ἐτράγον ἐτράγην	
τρίβω τρύχω	rub, wear eat						
τυγχάνω	obtain, hit, happen	τεύξομαι	τέτυχα τέτευχα, Ion. τέτευχα	τέτυγμαι	ἐτύχησα, ἐτεύχθην	ἔτυχον	Pl.-per. Ion. ἐτετεύχεα, Ep. 2 aor. conj. τύχωμι
τύπτω	strike	τύψω, L. τυπτήσω, Att.	τέτυφα τετύπτηκα,L.	τέτυμμαι, -υπτημαι, L.	ἔτυψα, ἐτύφθην, τύψα, Hom. ἐτυπτήθην, L.	ἔτυπον ἐτύπην	
τύφω	smoke, burn	θύψω		τέθυμμαι τέθυμμαι	ἔθυψα	ἐτύφην	
τωθάζω	taunt	τωθάσομαι			ἐτωθάσα		
ὑβρίζω	insult	ὑβρίσω, ὑβρῶ	ὕβρικα	ὕβρισμαι	ὕβρισα, ὑβρίσθην ὑγίανα, ὑγιάνθην ὑγίηνα, -ασθην, Ion.		F. pass. ὑβρισθήσομαι
ὑγιαίνω	am in health	ὑγιανῶ					
ὑπείκω	yield	ὑπείξω, -ομαι, ὑποείξω, Hom.			ὕπειξα, ὑπόειξα	ὑπείκαθον, ὑπόεικον	Imp. ὑπείχον, ὑπόεικον
ὑπισχνέ -ομαι (ὑποείκω, Hom.)	promise	ὑποσχήσομαι		ὑπέσχημαι	ὑπεσχέθην	ὑπεσχόμην	Rarely found in poetry. 2 aor. m. imper. ὑπόσχου
ὑστερέω ὑστερίζω	Poet. and Ion. am later	ὑστερήσω ὑστεριῶ, Att.	ὑστέρηκα		ὑστέρησα, ὑστερήθην, L. ὑστέρισα		
ὑφαίνω	weave	ὑφανῶ	ὕφαγκα, L.	ὕφασμαι	ὕφηνα, ὑφάνθην, -άνα, L.		Imp. freq. ὑφαίνεσκον
ὕω	rain	ὕσω		ὕσμαι	ὗσα, ὕσθην		Imp. ὗον, Hom.
φαίνω	show	φανῶ φανήσομαι, M.	πέφαγκα	πέφασμαι, 3 s. πέφαν- ται, inf. πεφάν- θαι	ἔφηνα, ἐφάνθην, ἐφάανθην, Ep.	ἔφανον ἐφάνην	πέφηνα πέφανα, Dor. 3 pl. 1 aor. p. Ep. φάανθεν. Contr. from φάεινα. Fut. pass. πεφήσομαι

52   φατίζω—φρίσσω.

VERBS.	English.	Future.	Perfect.	Perf. pass.	1st Aorist.	2nd Aorist.	2nd Perfect.	Remarks, &c.
φατίζω	name	φατίσω, -ξω	. .	πεφάτισμαι	ἐφάτισα, ἐφατίσθην	. .	. .	Poet. & Ion.
φάω	shine	. .	. .	πέφαμαι	. .	. .	. .	P.-p. f. πεφήσομαι
φάω	kill. (See φένω)	. .	. .	. .	. .	. .	. .	
φάω	say. (See φημί)	. .	. .	. .	. .	. .	. .	
φείδομαι	spare	φείσομαι πεφιδήσομαι, Ep. & Poet. φειδήσομαι	. .	πέφεισμαι	ἐφεισάμην	πεφιδόμην, red.	. .	P.-p. f. πεφίσομαι
(φένω) Ep. kill								
φέρω	bear	οἴσω	ἐνήνοχα	πέφαμαι ἐνήνεγμαι ἐνήνεγμαι, Ion.	ἤνεγκα, ἠνέχθην ἤνεικα, ἔνεικα, Ion. ἠνέχθην	ἔπεφνον, πέφνον ἤνεγκον ἤνεικον, Ion. ἠνεγκόμην	. .	Imp. ἔφερον, φέρεσκε. F. pass. ἐνεχθήσομαι, οἰσθήσομαι. Ep. inf 2 aor. ἐνεικέμεν. 1 aor. inf ἀνῶσαι, 3 perf p. s. προοίσται
φεύγω	flee	φεύξομαι -οῦμαι	πέφευγα	πέφυγμαι	ἔφευξα	ἔφυγον	. .	Αor. 2 freq. φεύγεσκε. 2 Fut. φυγῶ, L. Perf. part. Ep. πεφυζότες
φημί φαμί, Dor.	say, speak	φήσω φασῶ, Dor.	. .	πεφασμένος Part. ἐφάσα, Dor.	ἔφησα, ἐφάσθην	ἔφην	. .	Imp. ἔφην. Like ἵστημι in pres. and imp., see App.
φθάνω	anticipate	φθί'σω, L. φθήσομαι φθάξω, Dor.	ἔφθακα	. .	ἔφθάσα, ἐφθάσθην ἔφθαξα, Dor.	ἔφθην like ἔστην	. .	
φθέγγομαι	utter, speak	φθέγξομαι -οῦμαι, Dor.	. .	ἔφθεγμαι	ἐφθεγξάμην	. .	. .	
φθείρω	corrupt, destroy	φθερῶ -έω, Ion. -σω, Ep.	ἔφθαρκα	ἔφθαρμαι	ἔφθειρα -ρα, L.	ἔφθαρον ἔφθαρην	ἔφθορα	F. pass. φθαρήσομαι. 3 perf pass. pl. ἐφθάραται

				ἐφθίνηκα ἔφθῐκα	ἔφθῐμαι	ἐφθίνησα ἔφθισα, ἐφθίθην	ἔφθιθον	ἐφθίμην, pl. perf.
φθίνω φθίω	waste, decay waste, destroy	φθίσω				ἐφθόνησα, ἐφθονήθην -εσα		F. pass. φθονηθήσομαι
φθονέω	envy	φθονήσω						
φιλέω	love	φιλήσω φιλήσω -άσω, Dor.		πεφίληκα	πέφιλμαι, L.	ἐφίλησα -ασα, Dor.		P.-p. f. πεφιλήσομαι. 1 aor. mid. ἐφιλάμην
φιλοτιμέ-ομαι	love honour	φιλοτιμήσομαι			πεφιλοτί-μημαι	ἐφιλοτιμησάμην ἐφιλοτιμήθην -εσα		
φιτύω	plant	φιτύσω				ἐφίτυσα		Used in poetry for φυτεύω
φλάω	bruise	φλάσω, -σῶ			πέφλασμαι	ἔφλᾰσα ἐφλάσθην		
φλέγω	burn	φλέξω			πέφλεγμαι, L.	ἔφλεξα, ἐφλέχθην	ἐφλέγην	
φλίβω (Æol. & Ion. for θλίβω)	squeeze	φλίψομαι				ἔφλιψα	ἐφλίβην	
φλύω	boil	φλύσω				ἔφλῦσα, ἔφλυξα		
φοβέω	terrify	φοβήσω			πεφόβημαι	ἐφόβησα, ἐφοβήθην		F. pass. φοβηθήσομαι
φορέω	carry	φορήσω -εσω, L.		πεφόρηκα, in comp.	πεφόρημαι	ἐφόρησα, ἐφορήθην -εσα		Ep. 3 sing. φορέησιν. φορῆ-ναι, Ep. inf. pres.
φορύνω	mix				πεφόρυγμαι	ἐφόρυξα		
φράζω -σδω, Dor.	tell, point out	φράσω -στομαι		πέφρικα	πέφρασμαι -δμαι	ἔφρασα, ἔφρασθην	ἐπέφραδον πέφραδον	Aor. 2 mid. ἐφρασάμην (σσ)
φράσσω -ττω, Att.	stop up, fence	φράξω		πέφραγα	πέφραγμαι	ἔφραξα, ἐφράχθην	ἐφράγην	Perf. p. sometimes πέφραγμαι
φρίσσω -ττω	shudder	φρίξω		πέφρικα		ἔφριξα		Dor. part. πεφρίκοντες

φροντίζω—χρίω.

VERBS.	English.	Future.	Perfect.	Perf. pass.	1st Aorist.	2nd Aorist.	2nd Perfect.	Remarks, &c.
φροντίζω	consider	φροντιῶ, -σω	πεφρόντικα	πεφρόντισμαι	ἐφρόντισα			
φρουρέω	watch	φρουρήσω		πεφρούρημαι	ἐφρούρησα			
φρύγω -ττω	roast	φρύξω φρυξῶ, Dor.		πεφρυγμαι	ἐφρύγην ἔφρυξα, ἐφρύχθην	ἐφρύγην		
φυλάσσω -ττω, Att.	guard	φυλάξω	πεφύλαχα -ακα	πεφύλαγμαι	ἐφύλαξα, ἐφυλάχθην			
φυράω	mix, knead	φυράσω -ήσω, Ion.		πεφύραμαι -ημαι	ἐφύρασα, ἐφύραθην -ηθην			
φύρω		φύρσω		πέφυρμαι	ἔφυρσα, ἐφύρθην	ἐφύρην, L.		P.-p. f. πεφύρσομαι
φυτεύω	plant	φυτεύσω		πεφύτευμαι	ἐφύτευσα ἐφυτεύθην			
φύω	beget, produce	φύσω	πέφυκα πέφυα, Ep.		ἔφυσα	ἔφῡν ἐφύην		Irreg. imp. ἐπέφυκον. Æol. φυίω. ῡ in Hom. before a vowel. In Att. ῠ. Fut. p. φυήσομαι, L.
χάζομαι, Poet.	yield, give way	χάσομαι -σσομαι, Ep.			ἐχασάμην χασσάμην, Ep.	κέκαδον κεκαδόμην, red.		Fut. κεκαδήσω
χαίρω (see χάσκω)			κεχάρηκα	κεχάρημαι κέχαρμαι	ἐχαίρησα	ἐχάρην		Late in pres. 1 aor. Ep. χῆρατο, aor. 2 red. κεχάροντο. P.-p. f. κεχαρήσομαι, or red. fut. mid. κεχαρήσομαι. Perf. part. Ep. κεχαρηώς
χεύω	rejoice	χευρήσω κεχαρήσω, Ep. χαρήσομαι, L.						
χαλάω	loosen	χαλάσω -άξω, Dor.	κεχάλακα	κεχάλασμαι	ἐχάλασα, ἐχαλάσθην -άξα, Dor. ἐχαλέπηνα ἐχαλεπάνθην			
χαλεπαίνω	am offended	χαλεπανῶ						
χανδάνω	contain, hold	χείσομαι	κέχανδα			ἔχαδον		

Present	Future	Perf. Act.	Perf. M/P	Aorist	2 Aorist	Remarks
χερίζομαι gratify χάσκω gape	χαριοῦμαι χανοῦμαι	κέχηνα κέχανα, Dor. κέχοδα	κεχάρισμαι	ἐχαρισάμην		Borrows some tenses from χαίνω
χέζω caco	χέσομαι, r. χεσοῦμαι		κέχεσμαι	ἔχεσα	ἔχεσον, r.	
χειρόω handle, subdue	χειρώσομαι		κεχείρωμαι	ἐχείρωσα, ἐχειρώθην		
χερνίπτο-μαι wash hands	χερνίψομαι			ἐχερνιψάμην, ἐχερνίφθην		
χέω pour -είω, Ep.	χέω, Att., χεῶ, Ep. χεύω, Ep.	κέχυκα	κέχυμαι	ἔχεα, ἔχυθην ἔχευα, Ep., ἔχεθην, L.		F. pass. χυθήσομαι. 1 aor. mid. ἐχευάμην
χολόω enrage, be angry	χολώσω		κεχόλωμαι	ἐχόλωσα, ἐχολώθην		
χορεύω dance	χορεύσω	κεχόρευκα	κεχόρευται	ἐχόρευσα, ἐχορεύθην		Per. pass. impersonal
χόω pile up	χώσω	κέχωκα	κέχωσμαι	ἔχωσα, ἐχώσθην		F. pass. χωσθήσομαι
χραισμέω avert, help	χραισμήσω			ἐχραίσμησα	ἐχραισμον	Epic
χράομαι use χρέομαι, Ion.	χρήσομαι		κέχρημαι	ἐχρησάμην, ἐχρήσθην		Epic p-p. f. κεχρήσομαι. Contracts in η instead of α in Att.
χράω give an oracular response -είω, Ep. -είω, Ion.	χρήσω	κέχρηκα	κέχρημαι κέχρησμαι	ἔχρησα, ἐχρήσθην		Contracts in η instead of α
χρή it is necessary (impersonal)	χρήσει			ἔχρησε		Imp. ἐχρῆν, χρῆν. Opt. χρείη. Subj. χρῇ. Inf. χρῆναι. Part. χρεών
χρῄζω want, wish -ίζω, Ion. χρῄσδω, Dor.	χρήσω -ήσω			ἔχρησα		Sometimes signifies to give an oracular response
χρίω anoint	χρίσω		κέχρισμαι κέχριμαι	ἔχρισα, ἐχρίσθην		Perf. part. κεχρίμενος. Inf. 1 aor. χρῖσαι

56 χροΐζω—ὠφελέω.

VERBS.	English.	Future.	Perfect.	Perf. pass.	1st Aorist.	2nd Aorist.	2nd Perfect.	Remarks, &c.
χροΐζω χρώννυμι, L.	touch, stain	χρώσω	κέχρωκα	κέχρωσμαι	ἔχρωσα, ἐχρώσθην	. .	. .	Poet. χροίζω
χώομαι χωρέω	be enraged go, contain	χώσομαι χωρήσω	. . κεχώρηκα	. . . .	ἐχωσάμην, χωσάμην ἐχώρησα	. .	. .	Fut. commonly χωρήσομαι
ψάω ψάω	touch rub	ψήσω ψήσω	. . . .	ἔψαυμαι ἔψησμαι -ημαι	ἔψαυσα, ἐψαύσθην ἔψησα, ἐψήσθην -ήθην	. .	. .	Contracts in η. P. pass also ἔψηγμαι
ψεύδω	deceive	ψεύσω	. .	ἔψευσμαι	ἔψευσα, ἐψεύσθην	. .	. .	F. pass. ψευσθήσομαι. P.-p.f. ἐψεύσομαι
ψηφίζω	vote, decree	ψηφίσομαι -οῦμαι	. .	ἐψήφισμαι	ἐψήφισα, ἐψηφίσθην	. .	. .	F. pass. ψηφισθήσομαι
ψύχω	cool, breathe	ψύξω	πέψυκα	ἔψυγμαι	ἔψυξα, ἐψύχθην	ἐψύχην ἐψύγην	. .	F. pass. ψυχθήσομαι
ὠθέω	push	ὠθήσω ὤσω, common	ἔωκα, L.	ἔωσμαι, Ion.	ἔωσα, ἐώσθην ὦσα, Ep. and Ion. ὤθησα, L.	. .	. .	Imp. ἔωθουν, Attic, ὤθουν, Ep. and Ion. F. pass. ὠσθήσομαι
ὠνέομαι	buy	ὠνήσομαι	ἐώνηκα	ἐώνημαι	ἐωνησάμην (8) ὠνησάμην ἐωνήθην	. .	. .	Imp. ἐωνεόμην, ἐωνούμην, Attic, ὠνεόμην, Ion.
ὠφελέω	aid, assist	ὠφελήσω	ὠφέληκα	ὠφέλημαι	ὠφέλησα, ὠφελήθην	. .	. .	F. pass. ὠφεληθήσομαι

NOTE 8. ἐπριάμην, Inf. πρίασθαι, used by pure writers for 1 aor.

GREEK VERBS, PART II.

ἀάω—ἀμπλακίσκω.

VERBS.	English.	Tenses in use.	VERBS.	English.	Tenses in use.
(ἀάω)	lead into error	Pres. ἀᾶται. Aor. 1 ἄασα, ἄσα, ἀάσαμην, contracted ἀσάμην, ἀάσθην. Aor. 1 subj. ἀβροτάξομεν for -ξομεν	ἀθερίζω	slight	Fut. -ίσω, -ίξω. Aor. 1 -ισσα, -ιξα
(ἀβροτάζω)	miss		αἴνυμαι	take	Imp. αἰνύμην
ἀγινέω	bring	Fut. -ήσω	ἀίω	hear	Imp. ἄϊον, ἤϊον, L.
ἄγνω	bring	Fut. ἀγνῶ	ἀκέομαι	heal, cure	Fut. -έσομαι, Att. -οῦμαι. Aor. ἠκεσάμην
ἀγορίομαι	harangue	Fut. -ήσομαι. Aor. 1 -ησάμην			
(ἀδέω)	satiate	Aor. 1 ἀδήσειε. Perf part. ἀδηκώς	ἀκηδέω	neglect	Fut. -έσω. Aor. 1 -εσα, ησα, L.
ἀεικίζω	abuse	Fut. -ιῶ. Aor. 1 ἠείκισα. Pass. ἀεικισθην. Aor. m. inf ἀεικίσσασθαι	ἀλαλάζω	raise the war-cry	Fut. -ἀξω and -ἀξομαι. Aor. 1 -αξα
ἀείρω	raise	Fut. ἀερῶ, ἀρῶ. Aor. 1 ἤειρα. Perf. ἤερμαι. Aor. pass. ἠέρθην	ἀλαπάζω	plunder	Fut. -ἀξω. Aor. 1 -αξα
			ἀλδαίνω	nourish	Fut. ἀνῶ. Aor. 1 ἤλδηνα, L. Aor. 2 ἤλδανον
ἀέξω	increase	Imp. not aug. ἀεξήθην. ἠέξησα, ἀεξήθην	ἀλέω	ward off	Fut. -έξω, L. Aor. 1 ἤλεξα
			ἀλέομαι	avoid	Contr. ἀλεῦμαι. Aor. 1 ἠλεάμην
ἀεργάζω	raise	Fut. -σω. Aor. 1 ἤερξα	ἀλύσκω	avoid	Fut. -ξω, -ομαι. Aor. 1 ἤλυξα, ἄλυξα. Aor. 2 ἤλφον
(ἀέω)	sleep	Aor. 1 ἄεσα, ἆσα			
ἄζω, -αίνω, L.	dry	Aor. 1 ἄξηνα. (ἄζω, fear, pres. and imp.)	ἀμιλλάομαι	strive, contend	Fut. -ήσομαι. Aor. 1 ἠμιλλησάμην. Pass. -ήθην. Perf ἤμιλλημαι
ἀηθέσσω	am unused	Fut. -έσω. Aor. 1 -εσα			
ἄημι	blow	Imp. ἄην. Inf. ἀῆναι. Part. ἀείς	ἀμπλακίσκω	miss, err	Fut. ἀμπλακήσω. Perf. ἠμπλάκημαι. Aor. 2 ἤμπλακον

58   ἀμπνέω—ἴσχω.

VERBS.	English.	Tenses in use.
ἀμπνέω	recover breath	Imp. aor. 2 act. ἄμπνυε. Aor. 2 sync. ἄμπνυτο. Aor. 1 ἀμπνύνθην. Fut. -ξω
ἀμύσσω, -ττω	scratch	Aor. 1 ἤμυξα, L. Perf. ἤμυξακα
ἀμφιάζω	clothe	Only part. 2 perf. ἀμφαχυια
ἀμφιάχω	scream	Aor. 1 ἠμφιγύησα. Pass. ἀμφιγυοηθείς
ἀμφιγνοέω	doubt	
ἀναίνομαι	refuse	Aor. 1 ἠνηνάμην
ἀνήροθε	sprung	Ep. red. perf.
ἀντιβολέω	meet	Fut. -ήσω. Aor. 1 ἀντεβόλησα. Pass. ἀντιβοληθείς
ἀπιάομαι, Ion.	oppose	Fut. -άσομαι. Aor. 1 ἠπίαθην
ἀολλίζω	bring together	Aor. 1 ἀόλλισα. Pass. ἀολλισθην
ἀπό ω, ᾐτ- Ep.	utter a sound	Fut. -ύσω. Aor. 1 ἤπυσα
ἅρδω	water	Fut. ἄρσω. Aor. 1 ἦρσα
ἀρηγμαι	win	Fut. ἀροῦμαι. Aor. 2 ἠρόμην
ἀρτύνω	prepare	Fut. ἀρτυνέω. Aor. 1 ἤρτυνα, ἀρτύνθην
ἀσιάομαι	afflict	Act. part. ἀσών. Pass. aor. 1 ἠσιθην
ἀτίζω	disregard	Aor. 1 ἄτισσα
ἀτιμάω	dishonour	Fut. ἀτιμήσω. Aor. 1 ἠτίμησα, -άσα, Dor.
ἀττιτάλλω	rear up	Aor. 1 Ion. ἀτίτηλα
ἀτύζω	terrify	Fut. ἀτύξω. Aor. 1 pass. ἀτυχθείς
αὐδάζω	speak	Fut. αὐδάξω. Aor. 1 ηὔδαξα
αὐλίζομαι	encamp	Fut. αὐλίσομαι. Aor. 1 ηὐλισάμην, ηὐλίσθην
αὐτέω	shout	Imp. αὔτευν, -εον. Aor. 1 ἤυτησα
ἀφάσσω	feel	Fut. ἀφάσω. Aor. ἤφασα

VERBS.	English.	Tenses in use.
ἀφύσσω	draw	Fut. ἀφύξω. Aor. 1 ἤφυσα, ἄφυσσα. Poet.
ἀχλύω	be dark	Fut. ἀχλύσω. Aor. 1 ἤχλυσα
βάζω	speak	Fut. βάξω. P.-per. βέβακται
βάσκω	go	Imp. only βάσκε
βαυζω	bark	Fut. βαυξω
βδέω		Fut. βδέσω
βέομαι, Ep.	live	βέομαι, with future meaning. βέ(Hom.)
βιβάζω	lift up	Fut. -άσω. Aor. 1 ἐβίβασθην. P. pass. βεβίβασται. Fut. part. a. βιβῶν
βληχάομαι -ώμαι	bleat	Aor. 1 ἐβληχησάμην
βλίττω	cut honeycomb	Fut. βλίσω. Ion. -σσω
βλύζω, Poet. βλύω (βράχω)	bubble	Fut. βλύσω. Aor. 1 ἔβλυσα
βρύζω	clash	Aor. 2 ἔβραχε
βρίζω	feel drowsy	Aor. 1 ἔβριξα
βριμάομαι	be enraged	Aor. 1 ἐβριμησάμην
γανόω	make bright, delight	Aor. 1 γανώσας, ἐγανώθην. P. pass γεγάνωμαι
γέντο	take	3 p. sing. he took
γλίχομαι	desire	Aor. 1 ἐγλιξάμην
γλυκαίνομαι	sweeten	Aor. 1 ἐγλυκάνθην. P. pass. γεγλύκασμαι
γρύζω	grunt	Fut. γρύξω and γρύξομαι. Aor. 1 ἔγρυξα

VERBS	English	Tenses in use	VERBS	English	Tenses in use
δειμαίνω	fear	Fut. δειμανῶ	εὐλαβέομαι	take care of	Fut. εὐλαβήσομαι. Aor. 1 εὐλαβήθην. F. pass. εὐλαβηθήσομαι
δηριάω	contend	Fut. δηρίσω. Aor. 1 ἐδήρῑσα, δηρισθῆν	εὐωχέω	feast, entertain	Fut. -ήσω. P. pass. εὐωχημαι. Aor. 1 εὐωχήθην
διαίνω	wet	Fut. διανῶ. Aor. 1 ἐδίανα			P. pass. εὐωχημένος
διδόω	give	Fut. διδώσω	ἔχθομαι	hate	Fut. -άνῶ, -έω, Ep.
δίκω, Poet.	fling	Aor. 2 ἔδικον			Aor. 1 θῆσαι, ἐθησάμην, θησ-
δυνεύω	turn round	Aor. 1 L. ἐδυνευσα	θέλγω, Poet.	charm	Fut. θέλξω. Aor. 1 ἔθελξα, ἐθέλχθην
δυσπαλίζω	fling about	Fut. -ίξω			F. pass. θελχθήσομαι
δοάσσατο	it seemed	Hom. aor. mid. 3 conj. s. δοάσσεται	θερμαίνω	warm	Fut. θερμανῶ. Perf. p. τεθέρμασμαι
δρέπτω	tear	Fut. δρέψω. Aor. 1 ἔδρυψα, ἐδρύφθην	θέρομαι, Poet.	warm	Fut. θέρσομαι. Aor. 2 ἐθέρην
		Perf. δέδρυπα. P. pass. δέδρυμμαι	θέσσασθαι	pray for	θέσσαντο, θεσσάμενος
ἐέργυαλίζω	bestow	Fut. -ίξω. Aor. 1 -ιξα	θηλάζω	suckle	Fut. θηλάσω. Dor. θηλάξω. 1 Aor. ἐθήλαξα
ἔεργον, Ep.	shut out	for ἔεργον, εἴργον. Aor. 2 ἐέργαθον.	θηλύνω	make tender	Aor. 1 ἐθήλῡνα. P. pass. τεθήλυσμαι, -λυμμαι. Aor. 1 ἐθηλύνθην
		P. pass. ἐέργμενος			
(ἐλίνω, Ep.)	compress	Aor. 1 ἐλινόθην	θρυλίσσω	crush	Aor. 1 θρυλίξας, θρυλίχθην
ἐνδοιάζω	doubt	Aor. 1 ἐνεδοίασα, ἐνεδοιάσθην			
ἐνίπτω	reproach	ἐνίσπον. Aor. 2 ἐνένιπτον, ἐνένισπον			
		ἐνένιπον, ἠνίπαπον. Aor. 1 ἐώρτασα			
ἐορτάζω	keep a festival	Fut. -άσω.	ἰαίνω, Poet.	warm	Fut. ἰανῶ. Aor. 1 ἴηνα, ἰώνθην
ἐρά ω or, Ion. ἐρέω	love	Pass. ἐράομαι. See ἔραμαι (in tables)	ἰάλλω, Poet.	send	Fut. ἰαλῶ. Aor. 1 ἴηλα
ἐράσσω	row	Fut. ἐρέσω. Aor. 1 ἤρεσα	ἵεω	send	Imp. ἴες. 3 p. ἴοων
ἐρεύθω	make red	Fut. ἐρεύσω. Aor. 1 ἔρευσα, ἐρεύθην	ἰθύνω	guide straight	Aor. 1 ἴθῡνα, ἰθύνθην
ἐρητύω	restrain	Fut. -ύσω. Aor. 1 ἐρήτῡσα, ἐρητύθην	ἰθύω	rush	Aor. 1 ἴθῡσα
ἐρά-, Dor.			ἴλημι	be propitious	P. subj. ἰλήκω. Imp. ἴληθι and ἴλαθ.
ἐριδαίνω	contend	Aor. 1 ἐριδήσασθαι	ἰμάσσω, Ep.	strike	Aor. 1 ἴμασα
ἐρπτίζω, Poet.	creep	Aor. 1 εἱρπύσα	ἰσχυρίζομαι	contend	Fut. ἰσχυρίσομαι, -οῦμαι. Aor. 1 ἰσχυρισάμην
ἐρυθαίνω	make red	Fut. ἐρυθῆνω. Aor. 1 ἐρύθηνα	ἴσχω	restrain	Perf. ἴσχηκα ?
ἐρυέω, Ep.	flow	Fut. -ήσω. Aor. 1 ἤροησα			
ἔσθέω	clothe	P. pass. ἐσθημένος, ἠσθημένος			

60 κάϊομαι—ὀτοτύξω.

VERBS.	English.	Tenses in use.	VERBS.	English.	Tenses in use.
κάϊομαι	excel	Perf. κέκασμαι, κεκαδμένος Dor.	λάζομαι, Poet. and Ion.	take	
καίνυμαι					
καπνύω	breathe	Aor. 1 ἐκάπυσσα	λαΐζομαι, Att.		
καταγαλιόσκω	expend	Aor. 1 κατηράλωσα, κατηραλώθην. P, κατηράλωμαι	λαπάζω -οσω, -ττω	plunder	Fut. λαπάξω. Aor. ἐλάπαξα, ἐλαπάχθην
καττύω, -οττω	patch	P. pass. κεκάττυμαι	λάπτω	lick	Fut. λάψω. Aor. 1 ἔλαψα. P. λέλαφα
καυχάομαι	exult	Fut. -ήσομαι. Aor. 1 ἐκαυχησάμην. P. pass. κεκαύχημαι			
κυχάζω (καφέω)	laugh loud	Fut. καιάξω 2 perf. κεκαφηώς	λαφύσσω, -ττω	devour	Fut. -ύξω. Aor. ἐλάφυξα
κελαδέω	roar	Fut. κελαδήσω. Aor. 1 ἐκέλοια	λαείνω	smoothe	Fut. λαΐνω, Ep. λειήνω. Aor. 1 ἔλεηνα, Ep. ἔλείηνα
κέλλω	land	Fut. κέλσω. Aor. 1 ἔκελσα	λεν, Ep. λεύσσω, Poet.	see	Fut. λεύσω, L. Aor. 1 ἔλευσα, L.
κεντέω	goad	Fut. -ήσω. Aor. 1 ἐκέντησα, ἐκεντήθην. P. pass. κεκέντημαι	λεάζομαι	bend	Aor. 1 ἐλιάσθην
			λίζω	twang	Aor. 1 λίγξε
κεράζω	attack	Fut. -σω. Aor. 1 ἐκεράισα, -ξα	λιλαίομαι	long for	Perf. λελίλημαι, λελέλημαι
κέδαμαι	am diffused		λιπαίνω	make fat	Aor. 1 ἐλίπᾱνα, -ηνα. P. pass. λελίπασμαι
κυρκεω	mix	Imp. ἐκίρνων and ἐκίρνην			
κίρνημι			λιχμάω, -ζω	lick	Fut. λιχμήσομαι. Aor. 1 ἐλιχμησάμην
κλέω, Poet.	celebrate	(κλέω, Ep.) Aor. 1 ἔκλησε. Imp. ἔκλεον and κλέον	λοιδορέω λῶ	revile I will	Fut. -ήσω Pres. λῶ, λῇς, λῇ, 3 pl. λῶντι. Inf. λῶν
κλώθω	spin	Aor. 1 ἐπέκλωσα, ἐκλώσθην. P. pass. ἐπικέκλωσμαι			
ἐπικλωθω					
κοινόω	make common	Fut. -ώσω. Aor. 1 ἐκοίνωσα, -ώσα, Dor.	ραμάω, Poet. μαίομαι	desire eagerly desire	Aor. 1 μαίησα Fut. μάσομαι. Aor. 1 ἐμασσάμην
κορθύνω	raise	Aor. 1 κόρθῡνα	μαλακίζομαι	am tender	Aor. 1 ἐμαλακίσαμην, ἐμαλακίσθην
κτενίζω	comb	Fut. -ίσω. Aor. ἐκτενίσθην, L. P. pass. ἐκτένισμαι	μαραίνω	make to wither	Aor. 1 ἐμάρᾱνα, -ηνα, ἐμαράνθην. P. pass. μεμάρασμαι, -ασμαι. F. pass μαρανθήσομαι
κτερέζω	inter	Fut. κτερέξω			
κτίζω	settle	Fut. κτίσω. Aor. 1 ἔκτισα. Perf. pass. ἔκτισμαι			
		Aor. 1 ἐκώθρα, ἆν, Dor.	μάρναμαι, Poet.	fight	Aor. 1 ἐμαρνάμην. Pres. and imp. like ἵσταμαι. Aor. 1 ἐμαρνάσθην
κυδάνω, αἴνω	honour				

VERBS.	English.	Tenses in use.
μαστίζω, Ep.	lash	Aor. 1 ἐμάστιξα
μέμβλα (μάω)	desire eagerly	A 2nd perf. as pres. Pl. perf. μεμάων. Aor. 1 ἐμασάμην
μέδομαι, Ep.	be concerned about	Fut. μεδήσομαι. Imp. μεδόμην
μέμονα, Ep.	desire	A 2nd perf. as pres.
μερμηρίζω, Poet.	ponder	Fut. -ίξω. Aor. 1 -ξα and ἐμερμήρισα
μήδομαι	devise	Fut. μήσομαι. Aor. 1 ἐμησάμην
μηνίω	be angry	Fut. -ίσω, -ῶ. Aor. 1 ἐμήνῑσα
μηρύομαι	draw out	Fut. ὕσομαι. Aor. 1 ἐμηρυσάμην
μητιάω, -όω, Ep. -ίομαι	plan	Fut. ἴσομαι. Aor. 1 ἐμητισάμην
μύζω, -έω, -άω	suck	Aor. 1 ἐμύζησα
μυΐζω	mutter	Fut. μύξω. Aor. 1 ἐμυξα, -σα
μυθέω, Poet.	tell, speak	Fut. μυθήσομαι. Aor. 1 μυθησάμην, μυθήσας
μύσσομαι, -ττω	blow the nose	Only in compounds
μωμάομαι -ομαι, Ion.	blame	Fut. μωμήσομαι. Aor. 1 ἐμωμησάμην, ἐμωμήθην
νέομαι, Poet. νίσσομαι	go, come	Contr. νεῦμαι. Imp. νεόμην. Fut. νίσομαι, νεί- (σσ), νεῖαι 2 sing. Subj. 2 sing. pres. νέηαι for νέῃ, νέωμαι. Inf. νέεσθαι, νεῖσθαι
νηέω, Ep. νήχω, -ομαι	heap up	Imp. νήεον. Aor. ἐνήησα
νάχω, Dor.	swim	Fut. νήξομαι
νίφω	snow	Fut. νίψω. Aor. ἔνιψα

VERBS.	English.	Tenses in use.
νυστάζω	be drowsy	Fut. νυστάσω, -άξω, L. Aor. 1 ἐνύσταα, -ξα
ὀδάζομαι, -έω	bite	Imp. ὤδαζον. Fut. ὀδάξησομαι. P.-pass. ὠδάγμαι. Aor. 1 ὠδαξάμην
ὀδύνω	pain	Fut. -ήσω. Aor. 1 ἰδύνηθην
οἴζω	be wretched	Fut. -ύσω. Aor. οἴξυσα
οἰκοφθορέω	ruin one's fortune	Aor. 1 οἰκοφθορήθην. P. pass. οἰκοφθόρημαι
οὐόω, -ομαι	intoxicate	Aor. 1 act. οἰνῶσαι. Pass. aor. 1 οἰνώθην. P. pass. οἰνωμένος, ὠνωμένος
οἰστράω, -έω	persecute	Fut. οἰστρήσω. Aor. 1 οἴστρησα, ᾤστ-, οἰστρήθην. P. pass. οἰστρημένος
ὀκέλλω	land	Imp. ὤκελλον. Aor. 1 ὤκειλα
ὁμαλίζω	level	Fut. ὁμαλιῶ. P. pass. ὡμάλισμαι
ὀνομαίνω	name	Aor. 1 ὠνόμηνα, ὀνόμηνα
οὑν-, Ion. ὄρημι, Æol. & Dor.	see	Part. ὁρείς. Mid. ὄρημαι
ὀρίνω	raise	Aor. 1 ὤρῑνα, ὠρίνθην, ὀρίνθην
ὁρμίζω	anchor	Fut. -ίσω. Aor. ὤρμισάμην, ὡρμίσθην. P. pass. ὥρμισμαι
ὀροθύνω	raise	Imp. ὀροθύνον. Aor. 1 ὠροθῡνα
ὀροώ	rush	Fut. ὀροώσω. Aor. 1 ὤρουσα, ὄρουσα
ὀτοτύζω	lament	Fut. ὀτοτύξομαι. Aor. 1 ὠτότυξα (συ ὀτοτοῖ)

61

οὐρέω—ὠστίζομαι.

VERBS.	English.	Tenses in use.
οὐρέω	mingo	Fut. ἤσομαι. Aor. 1 ἐούρησα, οὔρησα Ion., οὔρηκα, P. ἐούρηκα, οὐ-Ion. Imp. ἐούρεον and οὔρεον
ὀχθέω, Ep.	feel vexed	Fut. ὀχθήσω. Aor. 1 3 pl. ὠχθησαν. Part. ὀχθήσας
παρηγορέω	soothe	Fut. παρηγορήσω. Aor. 1 παρηγό-ρησα
πειραίνω, Ep.	end, complete	Aor. 1 ἐπείρηνα. P. p. πεπέραται, see περαίνω
πελεμίζω, Poet.	shake	Aor. 1 πελέμιξα, πελεμίχθην
πέρδομαι	pedo	Fut. παρδήσομαι, 2 perf. πέπορδα. Aor. 2 ἔπαρδον
πέρνημι, Poet.	export	Ep. Imp. 3 sing. πέρνασκε. Part. περνάς
παίω	fatten	P. p. πεπίασμαι. Aor. 1 ἐπιώθην
πιδύομαι	gush forth	For πίπτω. Imp. ἔπιτνον
πίτνω, Poet.	fall	Imp. ἐπλήθυον. Aor. 1 subj. πλη-θύῃς
πλήθω	to be full	
ποιπνύω, Ep.	bustle	Fut. ποιπνύσω, L. Aor. 1 ἐποίπνυσα. Imp. ποίπνυον, ἐποίπνυον
πορπάω	fetter	Aor. 1 ἐπόρπωσα. P. p. πεπορπημένος
πορσύνω	give	Fut. πορσυνῶ. Fut. Poet. πορσυνέω
προθυμέομαι	be eager	Fut. -ήσομαι. Aor. 1 προὐθυμήθην. F. pass. προθυμηθήσομαι
πτάρνυμαι	sneeze	Aor. 1 ἔπταρα. Aor. 2 ἔπταρον, ἐπτάρην
πτάιρω		

VERBS.	English.	Tenses in use.
πτύρομαι	am afraid	Aor. 2 ἐπτύρην
πυθω	rot	Fut. πύσω. Aor. ἐπυσα (ῡ)
πωλέομαι -εῦμαι, Ion.	go about	Fut. πωλήσομαι. Imp. πωλέσκετο
ῥέπω	bend, incline	Imp. ἔρρεπον, ἔρεπον, ῥέπον. Ep. Fut. ῥέψω. Aor. 1 ἔρρεψα
ῥυπαίνω	insult	Fut. ῥυπανῶ. P. p. ἐρρύπαμμαι
ῥυπάω -όω, Ep.	make foul	Imp. ἐρρύπων. P. pass. ῥερυπωμένος
σεβάζομαι,	fear	Aor. 1 ἐσεβάσθην. Aor. Ep. σεβάσ-σατο
σέβω	revere	Aor. 1 ἐσέφθην. Imp. pass. ἐσεβί-ζετο
σίζω	hiss	Fut. σίσω and σίξω. Pf σέσιγα
σκιάζω	shade	Fut. Att. σκιῶ. Aor. 1 ἐσκίασα
σεύζομαι, Ep.	be angry	Aor. in comp. ἐπισκυσσατο
σόομαι	hasten	Contr. σοῦμαι. Dor. σῶμαι
σόω, Ep.	save	Subj. σόῃς, σόῃ (see σαόω)
στέρχω	drive, urge	Aor. 1 στερχθείς. Imp. ἐστέρχετο
στάζω, r.	drop	Fut. στάξω. Aor. 1 ἔσταξα
στέγω	defend	Aor. 1 ἔστεξα. Aor. 1 ἐστέχθην
στέχω, Poet. & Ion.	go	Aor. 1 ἔστειξα. Aor. 2 ἔστιχον
στεῦμαι	stand	3 sing. στεῦται. Pl. στεῦνται
στοναχίζομαι, Poet.	lament	Fut. στοναχίσομαι. Aor. 1 ἐστο-νάχισα

VERBS.	English.	Tenses in use.
στοχάζομαι	aim	Aor. 1 ἐστοχασάμην. P. pass. ἐστόχασμαι
στρεβλόω	hoist	Fut. -ώσω. Aor. -ωσα. P. pass. ἐστρεβλῶσθαι. Aor. 1 στρεβλωθείς
στροβέω	turn	Fut. -ήσομαι. Aor. 1 ἐστρόβησα. P. pass. ἐστροβημένος
στυφελίζω	dash	Aor. 1 ἐστυφέλιξα
στύφω	contract	Aor. 1 ἐστύφθην
στύω	erect	Aor. 1 ἐστύϊσα. Perf. ἐστύϊσα.
συνοχωκώς, Ep.	come together	Perf. ὄχα, ὤχα. Att. red. ὄκωχα, ὄχωκα
σφαγιάζω	slay	Imp. aor. 1 ἐσφαγυασάμην, ἐσφαγιασθην
σφετερίζω	appropriate	Fut. -ίσω. Aor. 1 ἐσφετέρισα, -ιξάμην Dor. M.
τετάγων, Ep. τῇ, Ep.	seize take	Red. aor. 2 (τάγω, τήγω) Imp. 2 sing.
τεκμαίρομαι	ordain	Fut. τεκμαροῦμαι. Aor. ἐτέκμηρα, ἐτεκμηράμην, M.
τερσαίνω, L (τέρμω)	dry find	Aor. 1 τέρσηνα Aor. 2 Ep. ἔτετμον, τέτμον

VERBS.	English.	Tenses in use.
τέτρηχα (τρέω)	am uproarious afflict	A 2nd perf pl.-per. τετρήχεν Perf. part. τετρημώς. P. pass. τετρήμαι Aor. 1 ἐτέτρηα
τίταίνω, Ep. τρίζω, Poet.	stretch chirp	Fut. τρίξω, -σω, L. 2 perf. τέτριγα, τετριγώτες = -ότες
φαντάζομαι	appear	Fut. φαντασθήσομαι. Aor. ἐφαντάσθην
φέρβω, Poet.	feed	Perf. 2 πέφορβα. Pl.-per. ἐπεφόρβειν
φημίζω (φλάζω)	say, tell burst	Aor. 1 ἐφήμισα, -ξα, Dor. Aor. 1 ἐφλάδον
φρέω	let pass	Fut. φρήσω. Aor. 1 ἔφρησα, ἐκφρήσθην
(χλάζω, Poet.) Χραίνω	swell touch	Perf. 2 κεχλαδώς Fut. χρανῶ. Aor. 1 ἔχρᾱνα. Aor. 1 p. ἐχράνθην
(χραύω)	graze	Aor. 1 ἔχραυσα, χραύσῃ
ὠρύομαι ὠστίζομαι	howl am jostled	Fut. -ύσομαι. Aor. 1 ὠρυσάμην Fut. ὠστιοῦμαι

APPENDIX.

GENERAL RULES FOR THE FORMATION OF TENSES.
ACTIVE VOICE.

I. The PRESENT TENSE contains the root or theme of the verb.

II. The IMPERFECT TENSE is formed from the Present by prefixing the augment and changing the termination ω into ον, as τύπτω, ἔτυπτον.

See observations and rules on augment, pages 68, 69.

III. The FUTURE TENSE is formed from the Present by changing the characteristics—

π, β, φ, πτ	into	ψω
κ, γ, χ, κτ	„	ξω
τ, δ, θ.	„	σω
σσ, ττ, ζ	„	σω and ξω
ω pure	„	σω

Liquid Verbs (i. e. those with λ, μ, ν, ρ for a characteristic) form the Future by shortening the penultima if long, or rejecting the latter of two vowels or liquids, and circumflexing the last syllable, as σφάλλω, σφαλῶ; τέμνω, τεμῶ; φθείρω, φθερῶ.

Pure Verbs usually lengthen the characteristic vowel preceding the termination, as φιλέω, fut. φιλήσω. But many verbs retain the short vowel. When a is the characteristic, the future takes ᾱ if the preceding letter be ε, ι, or ο, as ἐάω, ἐάσω; if not, η, as τιμάω, τιμήσω (except ἀκροάομαι, which takes ᾱ).

Attic Future.—The Attic future is formed by dropping the σ of the future when the σω or σομαι is preceded by ᾰ, ε, ῐ, and contracting the vowels a and ε with the final ω into ῶ, and the vowel ο into ου, as τελέω (τελέσω), τελῶ, εἶς, εἶ, οῦμεν, εἶτε, οῦσι; ἐλάω (ἐλαύνω) (ἐλάσω), ἐλῶ, ᾷς, ᾷ, ῶμεν, ᾶτε, ῶσι; βιβάζω, βιβῶ, ᾷς, &c. ; κομίζω, κομιῶ, ιεῖς, &c. ; τελέομαι (τελέσομαι) τελοῦμαι, εἶ, εῖται; κομίζομαι, κομιοῦμαι, ιεῖ, ιεῖται, &c. When the vowel is ῐ, as the two vowels ιω are not capable of contraction, the ω is circumflexed (ῶ) and conjugated as if contracted.

Some dissyllables in έω form the future in εύσομαι, as θέω, νέω, πλέω, πνέω, and ῥέω : δέω makes δήσω, and χέω, χεύσω and perhaps χέω.

IV. The FIRST AORIST is formed from the first Future by prefixing the augment, and changing ω into α; as τύψω, ἔτυψα.

Liquid Verbs form the first aorist without the characteristic σ, but lengthen the vowel, and change ε into ει, as σπερῶ, ἔσπειρα, and ἀ into η, as φανῶ, ἔφηνα; τίλλω, τιλῶ, ἔτιλα; σύρω, συρῶ, ἔσυρα. The following take ᾱνα instead of -ηνα : Verbs in ραίνω (except τιτραίνω), αἰνω, ιαίνω (σημαίνω, καθαίρω, σαίνω have η or ᾱ). The aorists ἔθηκα, ἔδωκα, ἧκα, εἶπα, ἤνεγκα do not assume the characteristic of the future.

GENERAL RULES FOR THE FORMATION OF TENSES.

V. The PERFECT is formed from the Future by prefixing the reduplication (see page 70), and changing ῶ and σω into κα (μῶ into μηκα), ξω into χα, ψω into φα; as ψάλλω, ψαλῶ, ἔψαλκα; τίω, τίσω, τέτικα; λέγω, λέξω, λέλεχα; τύπτω, τύψω, τέτυφα.

The simple augment is prefixed to those verbs which do not admit of reduplication.

Verbs of two syllables in λω, νω, ρω change ε of the future into α before κα; as στέλλω, στελῶ, ἔσταλκα.

Dissyllables in εἴνω, ἴνω, ὔνω drop the ν in forming the perfect; as τείνω, τενῶ, τέτᾰκα.

The Perfect takes the syllabic augment in *verbs* in ρ, which always, after receiving the augment, double ρ; as ῥίπτω, ῥίψω, ἔρριφα.

The PLUPERFECT is formed from the Perfect by prefixing ε to the reduplication, and changing α into ειν; as τέτυφα, ἐτετύφειν. When the perfect takes the reduplication, the pluperfect receives the augment ε, but when the perfect is merely augmented, the root of pluperf. undergoes no change; as perf. ἐζήτηκα, pl.-per. ἐζητήκειν.

The SECOND AORIST is formed from the Present by prefixing the augment, changing ω into ον, and shortening the penultima by omitting the latter of two consonants; as τύπτω, ἔτυπον: by dropping ε before ευ and ει; as φεύγω, ἔφυγον; λείπω, ἔλιπον: by changing η, ω, αι, and ει of liquid verbs (if *dissyllables*), and ε before or after a liquid into α; as λήθω, ἔλαθον; τρώγω, ἔτραγον; φαίνω, ἐφάνην; σπείρω, ἐσπάρην; στέλλω, ἐστάλην. To this rule there are some exceptions, which will be found enumerated in the Catalogue.

The SECOND PERFECT is formed from the Perfect, but takes the characteristic of the second aorist instead of that of the Perfect; as τέτυφα (ἔτυπον), τέτυπα.

The following changes take place from the penult. of the Pres. Act.:—

    α is changed into η; as θάλλω, τέθηλα
    αι   „   η „ φαίνω, πέφηνα
    ει   „   οι „ πείθω, πέποιθα.

Words of two syllables which have ε in the penult of the future change ε into ο; as σπείρω, σπερῶ, ἔσπορα.

PASSIVE VOICE.

The PRESENT is formed from the Present Active by changing ω into ομαι: τύπτω, τύπτομαι.

The IMPERFECT is formed from the Imperfect Active by changing ον into όμην: ἔτυπτον, ἐτυπτόμην.

The PERFECT is formed from the Perfect Active by changing

    φα pure into μμαι
    φα impure ,, μαι
    χα ,, γμαι
    γκα ,, σμαι generally
    κα' ,, μαι
    κα ,, σμαι if a short or doubtful vowel precedes it.
    κα ,, μαι if a long vowel or diphthong precedes it.

The PLUPERFECT is formed from the Perfect by changing μαι into μην, and prefixing the syllabic augment if the verb begin with a consonant; as τέτυμμαι, ἐτετύμμην.

The FIRST AORIST is formed from the 3 sing. Perfect Passive by changing ται into θην and omitting the reduplication; as τετίμηται, ἐτιμήθην. The soft mute preceding ται must be changed into its aspirate before θην; as τέτυπται, ἐτύφθην.

The SECOND AORIST is formed from the Second Aorist Active by changing ον into ην; as ἔτυπον, ἐτύπην.

The FIRST FUTURE is formed from the First Aorist by dropping the augment and changing ν into σομαι; as ἐτύφθην, τυφθήσομαι.

The SECOND FUTURE is formed from the Second Aorist by changing ην into ήσομαι, and dropping the augment; as ἐτύπην, τυπήσομαι.

The PAULO-POST FUTURE is formed from the Second Person Singular of the Perfect by changing αι into ομαι; as τέτυψαι, τετύψομαι.

MIDDLE VOICE.

The PRESENT and IMPERFECT Tenses are like the Passive.

The FUTURE is formed from the Future Active by changing ω into ομαι; as τύψω, τύψομαι. The Future of liquid Verbs is formed by changing ῶ into οῦμαι.

The FIRST AORIST is formed from the First Aorist Active by changing α into άμην; as ἔτυψα, ἐτυψάμην.

The SECOND AORIST is formed from the Second Aorist Active by changing ον into όμην; as ἔτυπον, ἐτυπόμην.

CONTRACT VERBS.

CONTRACT Verbs are those which have for their characteristic α, ε, or o, which coalesce with the vowel following, and thus contract; as τιμ-ά-ω, τιμ-ῶ. Contraction takes place only in the *present* and *imperfect* tenses, as they are the only tenses which retain the characteristic vowel followed by another vowel.

Note the following contractions:—

αε = ᾱ	αο = ω	εε = ει	εω = ω	οε, οο, οου = ου
αη = ᾱ	αω = ω	εο = ου	εει = ει	οη, οω = ω
αει = ᾳ	αοι = ῳ	εη = η	εοι = οι	οη, οει, οοι = οι
αῃ = ᾳ	αου = ω	εῃ = ῃ	εου = ου	οειν = ουν, Inf.

Dissyllables in έω contract in ει, except δέω, *bind*.

Some verbs deviate from the general rules of contraction.—See Catalogue.

The Dorics change άεις into ῇς, άει into ῇ, and άειν into ῇν.

VERBS IN μι.

VERBS in μι are distinguished from the common conjugations by having in their *present*, *imperfect*, and *second aorist* a different termination, and no mood vowel. They spring from verbs in άω, έω, όω, ύω. Verbs in μι take reduplication, which is of two sorts. I. *Proper*,—i. e. when the verb begins with a single consonant, or a mute with a liquid, the first letter of the root is repeated with ι; as (θέω), τίθημι. II. *Improper*,—i. e. when the verb begins with πτ, στ, or an aspirated vowel, ι alone is prefixed; as (στάω), ἵστημι.

α is changed into η
ε   „   η } before μι.
ο   „   ω

The *Imperfect* tense is formed from the Present by prefixing the augment (*if possible*) and changing μι into ν; as τίθημι, ἐτίθην.

The *Second Aorist* is formed from the Imperfect by dropping the reduplication; as ἐτίθην, ἔθην. Before a consonant the *Improper* reduplication ι is changed into ε; as ἵστην, ἔστην.

In the compounds of ἵστημι the 2nd aor. imp. ends in ᾱ; as ἀπόστᾱ.

AUGMENT.

THERE are two Augments, the Syllabic and Temporal.

The Syllabic Augment is ε prefixed to the verb (in the Historical Tenses) when it begins with a consonant; as τύπτω, ἔ-τυπτον—thereby increasing the word a *syllable*.

The Temporal Augment is the lengthening of the vowel, if the verb begin with a vowel, and thus increasing the *time* or quantity required in its pronunciation; as ἄγω, ἦγον; ἀκούω, ἤκουον.

The Augments of ε, α, ῐ, ο, ῠ, αυ, αι, ᾳ, οι, are
η, η, ῑ, ω, ῡ, ηυ, ῃ, ῃ, ῳ.

ει, ευ, ου, η, ω, ῑ, ῡ are *not augmented* (except ει in εἰκάζω, ευ in εὔχομαι, ευ in καθεύδον, and in εὑρίσκω, ηὕρισκον, sometimes augmented by Attics).

Verbs beginning with ᾰ followed by a vowel take ᾱ *instead* of η; as ἄϊω, ἄϊον; except ἀείδω and ἀΐσσω: but those with ᾱ, αυ, or οι, followed by a vowel, do *not receive* the *augment*; as αὐαίνω, αὔαινον: οἴομαι has ᾠόμην.

Many verbs in οι take no augment.

The following take ει instead of η in some of the augmented tenses:—

ἐάω	ἑλκόω	ἕπομαι	ἑρπύζω
ἕζω	ἑλίσσω	ἔπω	ἕρπω
ἐθίζω	ἕλκω	ἐργάζομαι	ἑστιάω
ἔθω	ἕννυμι	ἐρύω	ἔχω
εἴρω			

The following take the *Syllabic* augment:—ἄγνυμι, Aor. ἔαξα. ἁλίσκομαι, Pf. ἑάλωκα. ἀνδάνω, Imp. ἑάνδανον. οὐρέω, Imp. ἐούρουν. ὠθέω, Imp. ἐώθουν. ὠνέομαι, Imp. ἐωνούμην. The following take both the *syllabic* and *temporal*:—ὁράω, ἀνοίγω, ἁλίσκομαι. Ἑορτάζω augments in the second syllable, Imp. ἑώρταζον: also the following in the 2nd Pluperfect; as εἴκω, ἔοικα, ἐῴκειν; ἔλπω, ἔολπα, ἐώλπειν; ἔργω, ἔοργα, ἐώργειν.

In *Poetry* (except Attic) the augments are frequently omitted for the metre.

In *Ionic* and *Epic* the augment is sometimes dropped; and in those dialects the ε prefixed by other dialects to verbs beginning with a vowel is dropped.

The verbs βούλομαι, δύναμαι, and μέλλω take in the Attic dialect η as their augment instead of ε; as μέλλω, ἤμελλον.

Forms in σκον have no augment.

COMPOUND VERBS.

VERBS compounded with a preposition take the augment between the preposition and the verb. The final vowel of the preposition is elided except in περί and πρό (πρό is sometimes resolved in προῦ); as

ἀπο-βάλλω	ἀπ-έβαλλον	ἀπο-βέβληκα
περι-βάλλω	περι-έβαλλον	περι-βέβληκα
προ-βάλλω	{ προ-έβαλλον { προῦ-βαλλον	προ-βέβληκα

ἐν and σύν resume the ν if assimilated in composition or thrown away; as

ἐμ-βάλλω	ἐν-έβαλλον	ἐμ-βέβληκα
ἐγ-γίγνομαι	ἐν-εγιγνόμην	ἐγ-γέγονα
συρ-ρίπτω	συν-έρριπτον	συν-έρριφα
συλ-λέγω	συν-έλεγον	συν-είλοχα

Verbs compounded with δύς and εὖ take the augment at the *beginning*, if the simple verb begin with a consonant, or a vowel not capable of the temporal augment; as δυσ-τυχέω, ἐ-δυσ-τύχουν: but in the *middle* before the simple verb when it begins with a vowel capable of augment; as εὐ-εργετέω, εὐ-ηργέτουν (εὖ is generally unaugmented).

In other cases the augment is prefixed to the whole compound word; as μυθολογέω, ἐ-μυθολόγουν.

The following take the augment both before the preposition and the verb:—

ἀμπέχομαι	ἠμπειχόμην
ἀμφιγνοέω	ἠμφεγνόουν
ἀνέχομαι	ἠνειχόμην
ἀνορθόω	ἠνώρθουν
ἐνοχλέω	ἠνώχλουν
παροινέω	ἐπαρῴνουν

The augment before the preposition is often omitted by Homer and the Tragedians.

REDUPLICATION.

REDUPLICATION, which is the augment of the Perfect, consists of the repetition of the first letter of the root with ε prefixed. In verbs beginning with an aspirate the smooth is used in reduplication for the aspirate. All verbs beginning with a single consonant, except ρ, or with a mute or liquid, except γν, γλ, βλ, take the reduplication; those with a double consonant, or two consonants, not a mute and liquid, or ρ, γν, βλ, and γλ, have the simple augment; as

λύω	λέλυκα	ἐ-λελύκειν
θύω	τέθυκα	ἐ-τεθύκειν
ῥίπτω	ἔρριφα	ἐρρίφειν
σπείρω	ἔσπαρκα	ἐ-σπάρκειν

Those in γλ sometimes take reduplication.

ει supersedes the regular reduplication in λέγω (*collect*, εἴλοχα), λαμβάνω (εἴληφα), λαγχάνω (εἴληχα), ῥέω (εἴρηκα), μείρομαι (εἴμαρται).

ATTIC REDUPLICATION.

Several verbs beginning with α, ε, ο, followed by a consonant, repeat in the Perfect and Pluperfect the first two letters of the root before the temporal augment. This is called the Attic reduplication, although it is not used exclusively by writers in that dialect.

Examples:—ἀκούω, ἀκ-ήκοα; ἀλέω, ἀλ-ήλεκα; ἀρόω, ἀρ-ήροκα.

Some verbs also form the Second Aorist with the Attic reduplication. They augment the reduplication, not the vowel of the root; as ἄγω, ἤγαγον; φέρω, ἤνεγκον.

THE AORIST II., Act. and Mid., in the EPIC DIALECT, frequently takes the reduplication; as κεύθω, κέκευθον; μάρπτω, μέμαρπον.

SYNCOPATED PERFECTS.

SOME perfects in the Dual and Plural append the terminations to the short root, and retain the short vowel.

Perfect—ἕστηκα.

	Singular.	Dual.	Plural.
Indicative—	ἕστηκα	ἕστᾰτον	ἕστᾰμεν
	ἕστηκας	ἕστᾰτον	ἕστᾰτε
	ἕστηκε		ἑστᾶσι

Imperative—ἕστᾰθι, ἑστᾰ́τω, &c.
Subjunctive—ἑστῶ, ῇς, ῇ, &c.
Optative—ἑσταίην, ἑσταίης, &c.
Infinitive—ἑστάναι.
Participle—ἑστώς, ῶσα, ὼς, ὸς. Gen. ἑστῶτος, ώσης, ῶτος.

Pluperfect.

εἱστήκειν	——	ἕστᾰμεν
εἱστήκεις	ἕστᾰτον	ἕστᾰτε
εἱστήκει	ἑστᾰ́την	ἕστᾰσαν

LIST OF SYNCOPATED PERFECTS.

βαίνω. βέβηκα, -ας, -ε. Pl. βέβᾰμεν, βέβᾰτε, βεβάασι, βεβᾶσι. Part. βεβάως, βεβὼς

γίγνομαι. γέγονα, -ας, -ε. Pl. γέγαμεν, γέγᾰτε, γεγάασι. Part. γεγὼς

δείδω. δέδια, -ας, -ε. Pl. δέδῐμεν, δέδῐτε, δεδίᾱσι. Imp. δέδιθι. Opt. δεδιείην. Subj. δεδίω. Inf. δεδιέναι. Part. δεδιὼς, υῖα, ὸς

θνήσκω. τέθνηκα, -ας, -ε. Pl. τέθνᾰμεν, τέθνᾰτε, τεθνᾶσι. Imp. τέθνᾰθι. Inf. τεθνᾰ́ναι. Part. τεθνεὼς

τλῆναι. τέτληκα, -ας, -ε. Dual τέτλᾰτον, τέτλᾰτον. Pl. τέτλᾰμεν, τέτλᾰτε, τετλᾶσι. Imp. τέτλᾰθι. Opt. τετλαίην. Inf. τετλᾰ́ναι. Pluperf. ἐτέτλᾰτον, &c.

PARADIGMS OF CONJUGATION.

ACTIVE VOICE.

τύπτω, *I strike.*

	Indicative.			Imperative.			Optative.			Subjunctive.			Infinitive.	Participles.		
Present.	τύπτ-ω	εις	ει	τύπτ-ε	ε	έτω	τύπτ-οιμι	οιμι	οις	οι	τύπτ-ω	ω	ῃς	ῃ	τύπτ-ειν	τύπτ-ων		
	ομεν	ετον	ετον		ετον	ετον		οιτον	οιτον			ητον	ητον		N. ων	ουσα	ον
		ετε	ουσι		ετε	έτωσαν		οιτε	οιεν		ομεν	ητε	ωσι		G. οντος	ούσης	οντος
						όντων		οιμεν							D. οντι	ούσῃ	&c.
Imperfect.	ἔτυπτ-ον																	
	ον	ες	ε															
	ομεν	ετον	έτην															
		ετε	ον															
Future.	τύψ-ω	εις	ει	τύψ-ων	ον	άτω	τύψ-οιμι	οιμι	οις	οι					τύψ-ειν	τύψ-ων		
		ετον	ετον		ατον	άτω		οιτον	οιτον						N. ων	ουσα	ον
	ομεν	ετε	ουσι		ατε	άτωσαν		οιτε	οιεν						G. οντος	ούσης	οντος
						άντων		οιμεν							D. οντι	ούσῃ	&c.
1st Aorist.	ἔτυψ-α			τύψ-ον			τύψ-αιμι (1)				τύψ-ω				τύψ-αι	τύψ-ας		
	α	ας	ε		ον	άτω	αιμι	αις	αι			ῃς	ῃ		N. ας	ασα	αν
	αμεν	ατον	άτην		ατον	άτω		αιτον	αιτον		ω	ητον	ητον		G. αντος	άσης	αντος
		ατε	αν		ατε	άτωσαν		αιτε	αιεν		ομεν	ητε	ωσι		D. αντι	άσῃ	&c.
						άντων		αιμεν										

Perfect.	τέτυφ-α			τέτυφ-ε			τέτυφ-ομμ			τέτυφ-ω		τετυφ-έναι	τετυφ-ώς
	α	ας	ατον	ε	έτω	ομμ	ως	οι	ω	ης	η		N. ώς υἷα ὅς
			ατε	ετον	έτων	οσαι	οτον	οιτην	ομεν	ητον	ητον		G. ότος υίας ότος
	αμεν	ατε	ᾱσι	ετε	έτωσαν	ομεν	οτε	οιεν		ητε	ωσι		D. ότι υίᾳ &c.
Pluperfect.	ἐτετύφ-ειν												
	ειν	εις	ειτον										
			είτην										
	ειμεν	είτε	εισαν										
2nd Aorist.	ἔτυπ-ον			τύπ-ε		τύπ-ομμ			τύπ-ω			τυπ-εῖν	τυπ-ών
	ον	ες	ετον	ε	έτω	ομμ	ῃς	οι	ω	ῃς	η		N. ών
			έτην	ετον	έτων		οτον	οίτην		ητον	ητον		G. όντος ούσης όντος
	ομεν	ετε	ον	ετε	έτωσαν	ομεν	οτε	οιεν	ομεν	ητε	ωσι		D. όντι ούσῃ &c.
2nd Future.	ἀγγελ-ῶ					ἀγγελ-οῦμμ						ἀγγελ-εῖν	ἀγγελ-ών
	ώ	εῖς	εῖτον			οῦμμ	οῖς	οἶ					N. ών οὖσα οὖν
			εῖτον				οῦτον	οίτην					G. οὖντος οὐσης οὖντος
	οῦμεν	εῖτε	οῦσι			οῦμεν	οῖσ	οῖεν					D. οὖντι οὐσῃ &c.
2nd Perfect.	τέτυπ-α			τέτυπ-ε		τετύπ-ομμ			τέτυπ-ω			τετυπ-έναι	τετυπ-ώς
2nd Pluperf.	ἐτετύπ-ειν												

Terminations the same as the First Perfect.

NOTE 1. Æolic 1 aorist, used partially by the Attics,

S. τύψεια -ειας -ειε
D. -ειατον -ειάτην
P. -είαμεν -είατε -ειαν

73

PASSIVE AND MIDDLE VOICES.

	Indicative.			Imperative.		Optative.			Subjunctive.			Infinitive.	Participles.		
Present	τύπτ-ομαι μαι μεθον όμεθα	η, ει εσθον εσθε	εται εσθον ονται	τύπτ-ου ου εσθον εσθε	έσθω έσθων έσθωσαν έσθων	τυπτ-οίμην οίμην οίμεθον οίμεθα	οιο οισθον οισθε	οιτο οίσθον οιντο	τύπτ-ωμαι ωμαι ώμεθον ώμεθα	η ησθον ησθε	ηται ησθον ωνται	τύπτ-εσθαι	τυπτ-όμενος N. όμενος G. ου D. ῳ	η ης ῃ	ον ου &c.
Imperfect.	ἐτυπτ-όμην όμην όμεθον όμεθα	ου εσθον εσθε	ετο έσθην οντο												
Perfect.	τέτυ-μμαι μμαι μμεθον μμεθα	ψαι φθον φθε	πται φθον μμένοι εἰσί	τέτυ-ψο ψο φθον φθε	φθω φθων φθωσαν φθων	τετυ-μμένος εἴην μμένος εἴην μμέθον μμένοι	εἴης εἴησθον εἴητε	εἴη εἰήτην εἴησαν	τετυ-μμένος ὦ μμένος ὦ μμέθον μμένοι	ᾖς ἦτον ἦτε	ᾖ ἦτον ὦσι	τετύ-φθαι	τετυ-μμένος N. μένος G. ου D. ῳ	η ης ῃ	ον ου &c.
Pluperfect	ἐτετύ-μμην μμην μμεθον μμεθα	ψο φθον φθε	πτο φθην μμένοι ἦσαν												
1st Future.	τυφθήσ-ομαι ομαι όμεθον όμεθα	η, ει εσθον εσθε	εται εσθον ονται			τυφθησ-οίμην οίμην οίμεθον οίμεθα	οιο οισθον οισθε	οιτο οίσθην οιντο				τυφθήσ-εσθαι	τυφθησ-όμενος N. όμενος G. ου D. ῳ	η ης ῃ	ον ου &c.
1st Aorist.	ἐτύφθ-ην ην ημεν	ης ητον ητε	η ήτην ησαν	τύφθ-ητι ητι ητον ητε	ήτω ήτων ήτωσαν έντων	τυφθ-είην είην είημεν	είης είητον είητε	είη εἰήτην είησαν	τυφθ-ῶ ὦ ῶμεν	ῇς ῆτον ῆτε	ῇ ῆτον ῶσι	τυφθ-ῆναι	τυφθείς N. εἰς G. έντος D. έντι	εῖσα είσης είσῃ	έν έντος &c.

2nd Aorist.	ἐτυπ-ην		τύπ-ηθι		τυπ-είην	τύπ-ῶ		τυπείς
	ην ης η	ητην ητε	ηθι ητω ητε	ητω ητωσαν ἔντων	εἴην εἴης εἴη	εἴημεν εἴητε εἴησαν	ὦ ὦμεν	ῆς ῆτον ῆτε	ῇ ῆτον ὦσι		N. εἰς εἶσα ἐν G. ἔντος εἴσης ἔντος D. ἔντι εἴσῃ &c.
ἥμεν ἥτε ησαν							
2nd Fut.	τυπ-ήσομαι				τυπ-ησοίμην			τυπ-ησόμενος
ήσομαι ήσῃ, ήσει, ήσεται	ήσεσθον ήσεσθον				ησοίμην ήσοιο ήσοιτο	ησοίμεθα ήσοισθε ήσοιντο		τυπ-ήσεσθαι	N. -ησόμενος η ον G. ου ης ου D. ῳ ῃ ῳ &c.
ησόμεθα ήσεσθε ήσονται							
P.-p. Fut.	τετύψ-ομαι				τετυψ-οίμην			τετυψ-όμενος
ομαι ῃ εται	ἐται ἐσθον ὀνται				οίμην οιο οιτο	οίμεθα οισθε οιντο		τετύψ-εσθαι	N. όμενος η ον G. ου ης ου D. ῳ ῃ ῳ &c.
όμεθα εσθε							

MIDDLE VOICE.

The other Tenses are like the Passive.

Future.	τύψ-ομαι				τυψ-οίμην			τυψ-όμενος
ομαι ῃ εται	ἐσθον ἐσθον				οίμην οιο οιτο	οίμεθα οισθε οιντο		τύψ-εσθαι	N. όμενος η ον G. ου ης ου D. ῳ ῃ ῳ &c.
όμεθα εσθε							
2nd Aorist.	ἐτυπ-όμην		τυπ-οῦ		τυπ-οίμην	τύπ-ωμαι		τυπ-όμενος
όμην ου ετο	ου ἐσθω ἐσθον ἐσθω		οῦ ἐσθω ἐσθε	ἐσθω ἐσθωσαν ἐσθων	οίμην οιο οιτο	οίμεθα οισθε οιντο	ωμαι ῃ ηται	ώμεθον ησθον ησθον	ώμεθα ησθε ωνται	τυπ-έσθαι	N. όμενος η ον G. ου ης ου D. ῳ ῃ ῳ &c.
όμεθα ἐσθε							
1st Aorist.	ἐτυψ-άμην		τύψ-αι		τυψ-αίμην	τύψ-ωμαι		τυψ-άμενος
άμην ω ἀσθον ατο	ἀσθον ἀσθην		αι ασθω ασθε	ασθω ασθων	αίμην αιο αιτο	αίμεθα αισθε αιντο	ωμαι ῃ ηται	ησθον ησθον	ησθον ωνται	τύψ-ασθαι	N. άμενος η ον G. ου ης ου D. ῳ ῃ ῳ &c.
αμεθα ασθε							
2nd Fut.	ἀγγελ-οῦμαι				ἀγγελ-οίμην			ἀγγελ-ούμενος
οῦμαι ῇ εἶται	εἶσθον εἶσθον				οίμην οιο οιτο	οίμεθα οισθε οιντο		ἀγγελ-εῖσθαι	N. ούμενος η ον G. ου ης ου D. ῳ ῃ ῳ &c.
οὐμεθα εἶσθε οὖνται							

CONTRACT VERBS.

ACTIVE VOICE

Present.		τιμά-ω		φιλέ-ω		χρυσό-ω	
INDICATIVE MOOD.	Sing.	τιμῶ τιμᾷς τιμᾷ	ῶ ᾷς ᾷ	φιλῶ φιλεῖς φιλεῖ	ῶ εῖς εῖ	χρυσῶ χρυσοῖς χρυσοῖ	ῶ οῖς οῖ
	Dual	τιμᾶτον τιμᾶτον	ᾶτον ᾶτον	φιλεῖτον φιλεῖτον	εῖτον εῖτον	χρυσοῦτον χρυσοῦτον	οῦτον οῦτον
	Plural	τιμῶμεν τιμᾶτε τιμῶσι	ῶμεν ᾶτε ῶσι	φιλοῦμεν φιλεῖτε φιλοῦσι	οῦμεν εῖτε οῦσι	χρυσοῦμεν χρυσοῦτε χρυσοῦσι	οῦμεν οῦτε οῦσι
IMPERATIVE.	Sing.	τίμα τιμάτω	α άτω	φίλει φιλείτω	ει είτω	χρύσου χρυσούτω	ου ούτω
	Dual	τιμᾶτον τιμάτων	ᾶτον άτων	φιλεῖτον φιλείτων	εῖτον είτων	χρυσοῦτον χρυσούτων	οῦτον ούτων
	Plural	τιμᾶτε τιμάτωσαν	ᾶτε άτωσαν	φιλεῖτε φιλείτωσαν	εῖτε είτωσαν	χρυσοῦτε χρυσούτωσαν	οῦτε ούτωσαν
OPTATIVE.	Sing.	τιμῷμι τιμῷς τιμῷ	ῷμι ῷς ῷ	φιλοίην φιλοίης φιλοίη	οίην οίης οίη	χρυσοίην χρυσοίης χρυσοίη	οίην οίης οίη
	Dual	τιμῷτον τιμῴτην	ῷτον ῴτην	φιλοῖτον φιλοίτην	οῖτον οίτην	χρυσοῖτον χρυσοίτην	οῖτον οίτην
	Plural	τιμῷμεν τιμῷτε τιμῷεν	ῷμεν ῷτε ῷεν	φιλοῖμεν φιλοῖτε φιλοῖεν	οῖμεν οῖτε οῖεν	χρυσοῖμεν χρυσοῖτε χρυσοῖεν	οῖμεν οῖτε οῖεν
or Attic		τιμῴην τιμῴης τιμῴη τιμῴημεν τιμῴητε τιμῴησαν	ῴην ῴης ῴη ῴημεν ῴητε ῴησαν			χρυσοίην &c.	

PASSIVE VOICE

		τιμά-ομαι		φιλέ-ομαι		χρυσό-ομαι	
	Sing.	τιμῶμαι τιμᾷ τιμᾶται	ῶμαι ᾷ ᾶται	φιλοῦμαι φιλῇ, εῖ φιλεῖται	οῦμαι ῇ, εῖ εῖται	χρυσοῦμαι χρυσοῖ χρυσοῦται	οῦμαι οῖ οῦται
	Dual	τιμώμεθον τιμᾶσθον τιμᾶσθον	ώμεθον ᾶσθον ᾶσθον	φιλούμεθον φιλεῖσθον φιλεῖσθον	ούμεθον εῖσθον εῖσθον	χρυσούμεθον χρυσοῦσθον χρυσοῦσθον	ούμεθον οῦσθον οῦσθον
	Plural	τιμώμεθα τιμᾶσθε τιμῶνται	ώμεθα ᾶσθε ῶνται	φιλούμεθα φιλεῖσθε φιλοῦνται	ούμεθα εῖσθε οῦνται	χρυσούμεθα χρυσοῦσθε χρυσοῦνται	ούμεθα οῦσθε οῦνται
	Sing.	τιμῶ τιμάσθω	ῶ άσθω	φιλοῦ φιλείσθω	οῦ είσθω	χρυσοῦ χρυσούσθω	οῦ ούσθω
	Dual	τιμᾶσθον τιμάσθων	ᾶσθον άσθων	φιλεῖσθον φιλείσθων	εῖσθον είσθων	χρυσοῦσθον χρυσούσθων	οῦσθον ούσθων
	Plural	τιμᾶσθε τιμάσθωσαν	ᾶσθε άσθωσαν	φιλεῖσθε φιλείσθωσαν	εῖσθε είσθωσαν	χρυσοῦσθε χρυσούσθωσαν	οῦσθε ούσθωσαν
	Sing.	τιμῴμην τιμῷο τιμῷτο	ῴμην ῷο ῷτο	φιλοίμην φιλοῖο φιλοῖτο	οίμην οῖο οῖτο	χρυσοίμην χρυσοῖο χρυσοῖτο	οίμην οῖο οῖτο
	Dual	τιμῴμεθον τιμῷσθον τιμῴσθην	ῴμεθον ῷσθον ῴσθην	φιλοίμεθον φιλοῖσθον φιλοίσθην	οίμεθον οῖσθον οίσθην	χρυσοίμεθον χρυσοῖσθον χρυσοίσθην	οίμεθον οῖσθον οίσθην
	Plural	τιμῴμεθα τιμῷσθε τιμῷντο	ῴμεθα ῷσθε ῷντο	φιλοίμεθα φιλοῖσθε φιλοῖντο	οίμεθα οῖσθε οῖντο	χρυσοίμεθα χρυσοῖσθε χρυσοῖντο	οίμεθα οῖσθε οῖντο

SUBJUNCTIVE

	Sing.	άω	ω	έω	ω	όω	ω
		άῃς	ᾷς	έῃς	ῇς	όῃς	οῖς
		άῃ	ᾷ	έῃ	ῇ	όῃ	οῖ
	Dual	άητον	ᾶτον	έητον	ῆτον	όητον	οῖτον
		άητον	ᾶτον	έητον	ῆτον	όητον	οῖτον
	Plural	άωμεν	ῶμεν	έωμεν	ῶμεν	όωμεν	οῦμεν
		άητε	ᾶτε	έητε	ῆτε	όητε	οῖτε
		άωσι	ῶσι	έωσι	ῶσι	όωσι	οῦσι

Infinitive.

άειν	ᾶν	έειν	εῖν	όειν	οῦν

Participles.

Mas.	άων	ῶν	έων	ῶν	όων	ῶν
Fem.	άουσα	ῶσα	έουσα	οῦσα	όουσα	οῦσα
Neut.	άον	ῶν	έον	οῦν	όον	οῦν

Imperfect.

	Sing.	αον	ων	εον	ουν	οον	ουν
		αες	ας	εες	εις	οες	ους
		αε	α	εε	ει	οε	ου
	Dual	αετον	ᾶτον	εετον	εῖτον	οετον	οῦτον
		αέτην	άτην	εέτην	εἴτην	οέτην	οὔτην
	Plural	άομεν	ῶμεν	έομεν	οῦμεν	όομεν	οῦμεν
		αετε	ᾶτε	εετε	εῖτε	οετε	οῦτε
		αον	ων	εον	ουν	οον	ουν

Middle/Passive

	Sing.	άομαι	ῶμαι	έωμαι	ῶμαι	όωμαι	ῶμαι
		άῃ	ᾷ	έῃ	ῇ	όῃ	οῖ
		άηται	ᾶται	έηται	ῆται	όηται	οῖται
	Dual	αώμεθον	ώμεθον	εώμεθον	ώμεθον	οώμεθον	ώμεθον
		άησθον	ᾶσθον	έησθον	ῆσθον	όησθον	οῖσθον
		άησθον	ᾶσθον	έησθον	ῆσθον	όησθον	οῖσθον
	Plural	αώμεθα	ώμεθα	εώμεθα	ώμεθα	οώμεθα	ώμεθα
		άησθε	ᾶσθε	έησθε	ῆσθε	όησθε	οῖσθε
		άωνται	ῶνται	έωνται	ῶνται	όωνται	ῶνται

Infinitive.

| άεσθαι | ᾶσθαι | έεσθαι | εῖσθαι | όεσθαι | οῖσθαι |

Participles.

αόμενος	ώμενος	εόμενος	ούμενος	οόμενος	ούμενος
αομένη	ωμένη	εομένη	ουμένη	οομένη	ουμένη
αόμενον	ώμενον	εόμενον	ούμενον	οόμενον	ούμενον

Imperfect.

	Sing.	αόμην	ώμην	εόμην	ούμην	οόμην	ούμην
		άου	ῶ	έου	οῦ	όου	οῦ
		άετο	ᾶτο	έετο	εῖτο	όετο	οῦτο
	Dual	αόμεθον	ώμεθον	εόμεθον	ούμεθον	οόμεθον	ούμεθον
		άεσθον	ᾶσθον	έεσθον	εῖσθον	όεσθον	οῖσθον
		αέσθην	άσθην	εέσθην	είσθην	οέσθην	οίσθην
	Plural	αόμεθα	ώμεθα	εόμεθα	ούμεθα	οόμεθα	ούμεθα
		άεσθε	ᾶσθε	έεσθε	εῖσθε	όεσθε	οῖσθε
		άοντο	ῶντο	έοντο	οῦντο	όοντο	οῦντο

VERBS IN μι.

ACTIVE VOICE.

INDICATIVE MOOD.

Present.

	Singular.			Dual.			Plural.	
1 τίθ-ημι	ης	ησι		ετον	ετον		εμεν	ετε	ᾶσι
2 ἵστ-ημι	ης	ησι		ατον	ατον		αμεν	ατε	ᾶσι
3 δίδ-ωμι	ως	ωσι		οτον	οτον		ομεν	οτε	ὅᾶσι
4 δείκν-υμι	υς	υσι		υτον	υτον		υμεν	υτε	ὑᾶσι

Imperfect.

1 ἐ-τίθ-ην	ης	η		ετον	έτην		εμεν	ετε	εσαν
2 ἵστ-ην	ης	η		ατον	άτην		αμεν	ατε	ᾶσαν
3 ἐδίδ-ων	ως	ω		οτον	ότην		ομεν	οτε	οσαν
4 ἐδείκν-υν	υς	υ		υτον	ύτην		υμεν	υτε	υσαν

Second Aorist.

1 ἔθ-ην	ης	η		ετον	έτην		εμεν	ετε	εσαν
2 ἔστ-ην	ης	η		ητον	ήτην		ημεν	ητε	ησαν
3 ἔδ-ων	ως	ω		οτον	ότην		ομεν	οτε	οσαν
4									

IMPERATIVE MOOD.

Present.

1 τίθ-ετι	ε	έτω		ετον	έτων		ετε	έτωσαν, έντων
2 ἵστ-αθι	η	άτω		ατον	άτων		ατε	άτωσαν, άντων
3 δίδ-ωθι	ου	ότω		οτον	ότων		οτε	ότωσαν, όντων
4 δείκν-υθι	υ	ύτω		υτον	ύτων		υτε	ύτωσαν, ύντων

Second Aorist.

1 θ-ές	έτω		ετον	έτων		ετε	έτωσαν, έντων
2 στ-ῆθι	ήτω		ητον	ήτων		ητε	ήτωσαν, άντων
3 δ-ός	ότω		οτον	ότων		οτε	ότωσαν, όντων

SUBJUNCTIVE MOOD.

Present.

	Singular.			Dual.			Plural.	
1 τιθ-ῶ	ῇς	ῇ		ῆτον	ῆτον		ῶμεν	ῆτε	ῶσι
2 ἱστ-ῶ	ῇς	ῇ		ῆτον	ῆτον		ῶμεν	ῆτε	ῶσι
3 διδ-ῶ	ῷς	ῷ		ῶτον	ῶτον		ῶμεν	ῶτε	ῶσι
4								

Second Aorist.

1 θ-ῶ	ῇς	ῇ		ῆτον	ῆτον		ῶμεν	ῆτε	ῶσι
2 στ-ῶ	ῇς	ῇ		ῆτον	ῆτον		ῶμεν	ῆτε	ῶσι
3 δ-ῶ	ῷς	ῷ		ῶτον	ῶτον		ῶμεν	ῶτε	ῶσι

OPTATIVE MOOD.

Present.

1 τιθ-είην	είης	είη		6 είητον 7 αἰήτην		3 είημεν 8 αἰήμεν 13 οἰήμεν	4 είητε 9 αἰήτε 14 οἰήτε	5 εἴησαν 10 αἰήσαν 15 οἰήσαν
2 ἱστ-αίην	αίης	αίη		αἰήτην				
3 διδ-οίην	οίης	οίη		11 οἰήτον 13 οἰήτην				
4								

Second Aorist.

1 θ-είην	είης	είη		είητον είήτην		εἴημεν	εἴητε	εἴησαν
2 στ-αίην	αίης	αίη		αἰήτον αἰήτην		αἰήμεν	αἰήτε	αἰήσαν
3 δ-οίην	οίης	οίη		οἰήτον οἰήτην		οἰήμεν	οἰήτε	οἰήσαν

1 τιθεῖτον	2 τιθεῖτην		3 τιθεῖμεν	4 τιθεῖτε	5 τιθεῖεν
6 ἱσταῖτον	7 ἱσταίτην		8 ἱσταῖμεν	9 ἱσταῖτε	10 ἱσταῖεν
11 διδοῖτον	12 διδοῖτην		13 διδοῖμεν	14 διδοῖτε	15 διδοῖεν

INFINITIVE MOOD.—Present. 1 τιθέναι. 2 ἱστάναι. 3 διδόναι. 4 δεικνύναι. Second Aorist. 1 θεῖναι. 2 στῆναι. 3 δοῦναι.

PARTICIPLES.—Present. 1 τιθείς, εῖσα, έν. 2 ἱστάς, ᾶσα, άν. 3 διδούς, οῦσα, όν. 4 δεικνύς, ῦσα, ύν.
Second Aorist. 1 θείς, θεῖσα, θέν. 2 στάς, στᾶσα, στάν. 3 δούς, δοῦσα, δόν.

PASSIVE AND MIDDLE VOICES.

INDICATIVE MOOD.

Present.

	Singular.		Dual.			Plural.		
1 τίθ-εμαι	εσαι (ῃ)	εται	εμεθον	εσθον	εσθον	εμεθα	εσθε	ενται
2 ἱστ-αμαι	ασαι (ᾳ)	αται	αμεθον	ασθον	ασθον	αμεθα	ασθε	ανται
3 δίδ-ομαι	οσαι	οται	ομεθον	οσθον	οσθον	ομεθα	οσθε	ονται
4 δείκν-υμαι	υσαι	υται	ύ μεθον	υσθον	υσθον	ύμεθα	υσθε	υνται

Imperfect.

ἐτιθ-έμην	εσο (ου)	ετο	εμεθον	εσθον	εσθην	έμεθα	εσθε	εντο
ἱστ-άμην	ασο (ω)	ατο	αμεθον	ασθον	ασθην	άμεθα	ασθε	αντο
ἐδιδ-όμην	οσο (ου)	οτο	ομεθον	οσθον	οσθην	όμεθα	οσθε	οντο
ἐδείκν-ύμην	υσο	υτο	ύμεθον	υσθον	υσθην	ύμεθα	υσθε	υντο

Second Aorist (Middle).

ἐθ-έμην	ου	ετο	εμεθον	εσθον	εσθην	έμεθα	εσθε	εντο
ἐστ-άμην	ω	ατο	αμεθον	ασθον	ασθην	άμεθα	ασθε	αντο.
ἐδ-όμην	ου	οτο	ομεθον	οσθον	οσθην	όμεθα	οσθε	οντο

IMPERATIVE MOOD.

Present.

τίθ-εσο (ου)	εσθω	εσθον	εσθων	εσθε	εσθωσαν*
ἵστ-ασο (ω)	ασθω	ασθον	ασθων	ασθε	ασθωσαν†
δίδ-οσο (ου)	οσθω	οσθον	οσθων	οσθε	οσθωσαν‡
δείκν-υσο	υσθω	υσθον	υσθων	υσθε	υσθωσαν§

Second Aorist (Middle).

θέσο (ου)	έσθω	εσθον	εσθων	εσθε	εσθωσαν
στάσω (στῶ)	άσθω	ασθον	ασθων	ασθε	ασθωσαν
δόσο (δοῦ)	όσθω	οσθον	οσθων	οσθε	οσθωσαν

SUBJUNCTIVE MOOD.

Present.

	Singular.			Dual.			Plural.		
1 τιθ-ῶμαι	ῇ	ῆται	ώμεθον	ῆσθον	ῆσθον	ώμεθα	ῆσθε	ῶνται
2 ἱστ-ῶμαι	ῇ	ῆται	ώμεθον	ῆσθον	ῆσθον	ώμεθα	ῆσθε	ῶνται
3 διδ-ῶμαι	ῷ	ῶται	ώμεθον	ῶσθον	ῶσθον	ώμεθα	ῶσθε	ῶνται
4								

Second Aorist (Middle).

1 θῶμαι	θῇ	θῆται	θώμεθον	θῆσθον	θῆσθον	θώμεθα	θῆσθε	θῶνται
2 στῶμαι	στῇ	στῆται	στώμεθον	στῆσθον	στῆσθον	στώμεθα	στῆσθε	στῶνται
3 δῶμαι	δῷ	δῶται	δώμεθον	δῶσθον	δῶσθον	δώμεθα	δῶσθε	δῶνται

OPTATIVE MOOD.

Present.

1 τιθ-είμην	εἶο	εῖτο	εἶμεθον	εῖσθον	εἰσθην	εἶμεθα	εῖσθε	εῖντο
2 ἱστ-αίμην	αῖο	αῖτο	αἶμεθον	αῖσθον	αἰσθην	αἶμεθα	αῖσθε	αῖντο
3 διδ-οίμην	οῖο	οῖτο	οἶμεθον	οῖσθον	οἰσθην	οἶμεθα	οῖσθε	οῖντο
4								

Second Aorist (Middle).

1 θείμην	θεῖο	θείμεθον	θεῖσθον	θείσθην	θείμεθα	θεῖσθε	θεῖντο
2 σταίμην	σταῖο	σταίμεθον	σταῖσθον	σταίσθην	σταίμεθα	σταῖσθε	σταῖντο
3 δοίμην	δοῖο	δοίμεθον	δοῖσθον	δοίσθην	δοίμεθα	δοῖσθε	δοῖντο

* τιθέσθων.   † ἱστάσθων.   ‡ διδόσθων.   § δεικνύσθων.

INFINITIVE MOOD.—Present. 1 τίθεσθαι. 2 ἵστασθαι. 3 δίδοσθαι. 4 δείκνυσθαι.   Second Aorist. 1 θέσθαι. 2 στάσθαι. 3 δόσθαι.

PARTICIPLES.—Present. 1 τιθέμενος, η, ον. 2 ἱστάμενος, η, ον. 3 διδόμενος, η, ον. 4 δεικνύμενος, η, ον.
Second Aorist (Middle). 1 θέμενος, η, ον. 2 στάμενος, η, ον. 3 δόμενος, η, ον.

VERBS WITH SECOND AORIST LIKE VERBS IN μι.

Several Verbs, with the characteristics α, ε, ο, υ, form their Second Aorist Active like Verbs in μι.

Examples.

Indicative.		Imperative.		Optative.		Subjunctive.		Infinitive.	Participles.
ἔβην, from βαίνω.									
ἔβην	ἔβη		βῆθι		βαίην		βῶ		βῆναι	βάς βᾶσα βάν
ἔβης	ἔβητον		βήτω	βῆτον	βαίης	βαίητον	βῇς	βῆτον		βάντος, &c.
ἔβημεν	ἔβητε	βῆτον	βῆτε	βήτωσαν βάντων	βαίη	βαίητην βαίητε	βῷ	βῆτον		
	ἔβησαν				βαίημεν		βῶμεν	βῆτε βῶσι		

ἔγνων, from γιγνώσκω.									
ἔγνων	ἔγνω		γνῶθι	γνῶτον	γνοίην	γνοίητον	γνῶ	γνῷς	γνῶναι	γνούς γνοῦσα γνόν
ἔγνως	ἔγνωτον		γνώτω	γνῶτε	γνοίης	γνοίητην	γνῷς	γνῶτον		γνόντος, &c.
ἔγνωμεν	ἔγνωτε	γνῶτον γνώτωσαν γνώσαν γνόντων	γνοίη	γνοίητε	γνῷ γνῶμεν	γνῶτον γνῶτε γνῶσι			

ἀπέδραν, from ἀποδιδράσκω.									
ἀπέδραν	ἀπέδρα		ἀποδράθι	ἀποδρᾶτον	ἀποδραίην	ἀποδραίην	ἀποδρῶ	ἀποδρᾷς	ἀποδρᾶναι	ἀποδράς ἀποδρᾶσα ἀν
ἀπέδρας	ἀπεδρᾶτον		δράτω	ἀποδρᾶτε	δραίης	δραίητην	δραίης	δρῶτον		ἀποδράντος, &c.
ἀπέδραμεν	ἀπέδρατε	ἀπέδρατον δράτω		δραίη	δραῖτε	δρᾷ δρῶμεν	δρᾶτον δρᾶτε δρῶσι		

ἔδυν, from δύω.									
ἔδυν	ἔδυ		δῦθι	δῦτον	δύην	δύητον	δύω	δύῃς	δῦναι	δύς δῦσα δύν
ἔδυς	ἔδυτον		δύτω	δῦτε	δύης	δυήτην	δύῃς	δύητον		δύντος, &c.
ἔδυμεν	ἔδυτε	δύσαν δύντων		δύη	δύητε	δύῳ δύωμεν	δύητον δύητε δύωσι		

Note 1. For δύην.

VERBS IN μι WHICH ANNEX THE SYLLABLE νυ OR ννυ TO THE ORIGINAL ROOT.

ACTIVE VOICE.

Tenses.	Root α.	Root ε.	Root ο (ω)
Present	σκεδάννῡμι	κορέννῡμι	στρώννῡμι
Imperfect	ἐσκεδάννῡν	ἐκορέννῡν	ἐστρώννῡν
Future	σκεδάˊσω, σκεδῶ	κορέσω, κορῶ	στρώσω
Aorist	ἐσκέδᾰσα	ἐκόρεσα	ἔστρωσα
Perfect	ἐσκέδᾰκα	κεκόρεκα	ἔστρωκα
Pluperfect	ἐσκεδάˊκειν	ἐκεκορέκειν	ἐστρώκειν

MIDDLE.

Present	σκεδδάνῡμαι	κορέννῡμαι	στρώννῡμαι
Imperfect	ἐσκεδδαννῡˊμην	ἐκορεννῡˊμην	ἐστρωννῡˊμην
Future	. . . .	κορέσομαι	. . . .
Aorist	. . . .	ἐκορεσάμην	
Perfect	ἐσκέδασμαι	κεκόρεσμαι	ἔστρωμαι
Pluperfect	ἐσκεδάσμην	ἐκεκορέσμην	ἐστρώμην
P.-p. Future	. . . .	κεκορέσομαι	. . . .

PASSIVE.

Future	σκεδασθήσομαι	κορεσθήσομαι	στρωθήσομαι
Aorist	ἐσκεδάσθην	ἐκορέσθην	ἐστρώθην

ROOT ENDING WITH A CONSONANT.

Present	ὄλλῡμι	ὄλλῡμαι	ὄμνῡμι	ὄμνῡμαι
Imperfect	ὤλλῡν	ὠλλῡˊμην	ὤμνῡν	ὠμνῡˊμην
Future	ὀλῶ	ὀλοῦμαι	ὀμοῦμαι	
Aorist 1	ὤλεσα	ὠλόμην, Aor. 2	ὤμοσα	ὠμοσάμην
Perfect	ὀλώλεκα		ὀμώμοκα	ὀμώμομαι
Perfect 2	ὄλωλα			ὀμώμοσμαι
Pluperfect	ὀλωλέκειν		ὀμωμόκειν	ὀμωμόμην
Pluperfect 2	ὀλώλειν			ὀμωμόσμην

Aor. 1 Pass. ὠμόσθην and ὠμόθην.

Fut. ὠμοσθήσομαι.

εἰμί, I am.

INDICATIVE MOOD.

Present Tense.

Singular.	Dual.	Plural.
εἰμί		
εἶμί, D.		ἐσμέν
ἠμί, Æ.	εἶς εἶ ἐστί	εἰμές, D. ἐστέ εἰσί
	εἴς εἶ ἐστί ἐστόν	ἐστί, P. ἐστί, ἐστί, D.
	ἐστί, P.	εἰμέν, εἰμές, P. ἐᾶσι, L.

Imperfect.

ἦν		
ἦ ἦν, A.	ἦτον	ἦμεν
ἔα ἦα	ἦσθα ἦες	ἦτην ἦμες, D.
ἔην ἔον	ἦς, D.	ἦστην
ἔσκον εἶν	ἦς ἔες P.	ἔστην
	ἦε ἔη	
	ἦη ἔσκες	

Future.

ἔσομαι	ἔσεται	ἐσόμεθον
ἔσσομαι, P.	ἔσεαι ἔσεται	
ἐσοῦμαι D.	ἔσεαι ἔσται	
ἐσεῦμαι	ἔσεται ἐσεῖται	
	ἔσεαι, I. ἐσεῖται, D.	

Pluperfect.

	ἔσσεσθον ἤσθον ἤσθην	ἤμεθα

IMPERATIVE MOOD.
Present.

ἤμην	ἦσο	ἔστω ἔστων
"	ἴσθι, ἴσο ἔστω, ἔσω, P. ἤτω, D.	

εἶμι, I go.

INDICATIVE MOOD.

Present Tense.

Singular.	Dual.	Plural.
εἶμι	εἶς εἶ εἶσι	ἴμεν ἴτε ἴσι
	εἴσθα, P.	ἴμες, D. ἴασι, L.

Imperfect.

εἶς εἶ		ᾔμεν ᾔτε ᾔσαν
ᾔειν ᾔεις ᾔε, P.		

Perfect εἶκα **Pl. Perf** εἴκεα, **P. ἔκαν, A.**

Aor. 1 εἶσα

Second Aorist.

ἴον	ἴες ἴε	ἴομεν ἴετε ἴον
ἔον ἤιον ἤιον		ἴομεν ἴετρν

IMPERATIVE MOOD.
Present.

ἴθι, εἶ	ἴτω	ἴτε ἴτωσαν or ἰόντων
		ἴτων, A.

OPTATIVE MOOD.
Present.

ἴοιμι	ἴοις	ἴοι ἴοιτον ἴοιμεν ἴοιτε ἴοιεν
ἰοίην, A.		

SUBJUNCTIVE MOOD.
Present.

ἴω	ἴῃς	ἴῃ ἴητον ἴωμεν ἴητε ἴωσι

OPTATIVE MOOD.

Present.

εἴην, P.	εἴης εἴη		εἴητον εἰήτην	εἴημεν εἶμεν, A.	εἴητε εἶτε, A.	εἴησαν εἶεν, A.
εἴοιμι, εἴοιμι, P.	εἴους, P.	εἴοι, P.				

Future.

ἐσοίμην	ἔσοιο	ἔσοιτο	ἐσ-οίμεθον ἔσοιθον οἴσθην	οἴμεθα	οἶσθε οὔτο

SUBJUNCTIVE MOOD.

Present.

ὦ	ᾖς	ᾖ	ἤτων	ὦμεν	ἦτε	ὦσι
εἴω, P.	εἴης, P.	εἴῃ, P.	εἴητον, P.	εἴομεν, P.	εἴητε, P.	εἴωσι, P.
ἔω, L. & E.	ἔῃς, L. ἦσθα, Æ.	ἔῃ ἦσι } L. ἔῃσι	ἔητον, L.	εἴωμεν, L. ἔωμεν, P. ὦμες, P.	εἴητε, L. ἔωτε, P.	εἴωσι, P. ἔωσι, L.

INFINITIVE MOOD.

Pres. εἶναι	ἔμεν, I. ἔμμεν, P.	ἤμεν, ἤμες εἴμεν ἤμεναι	ἔμεναι, ἔμμεναι, Ep.	εἰωσαι, P. Fut. ἔσεσθαι

PARTICIPLES.

Pres. ὤν εὠν εἰς	οὖσα ἐοῦσα εἶσα ἐῦσα, ἐοῦσα, ἔουσα, D.	ὄν ἐὸν, I. & E. ἐν, Æ.	Future ἐσόμενος ἐσόμενος, P.

INFINITIVE MOOD. | PARTICIPLE.

Pres. ἴναι, εἶναι ἴμεν, E. ἴμεν, L. ἴμμεναι, P.	ἰέναι in comp. ἴμεναι, E. ἴμμεναι, P.	Future	Pres. ἰὼν ἰοῦσα ἰόν

MIDDLE VOICE.

Present ἴεμαι, ἴεσαι, &c. Imperfect ἰέμην, ἴεσο, &c. Future εἰσόμαι. Aor. 1 εἰσάμην, εἴσω, &c.

Perfect.

εἶα ᾖα, A. ἦα	εἴας εἶα		εἴατον εἴατον	εἴαμεν εἴατε εἶσι
ᾔα	ᾔεας ᾔει, P.			

Pluperfect.

ᾔειν ᾔα or ᾔα, I., or ᾔεισθα	ᾔεις ᾔει		ᾔετον ᾔείτην or ᾔτον ᾔτην	ᾔεμεν ᾔετε ᾔεσαν ᾔμεν ᾔτε ᾔεσαν

IMPERATIVE MOOD.

ἔσο, ἴεσθω.

INFINITIVE MOOD.

Present ἴεσθαι.

PARTICIPLE.

ἰέμενος.

The Pres. εἰμί has generally a Future signification. The Pluperfect ᾔειν, &c., is used as an Imperfect.

ἵημι, I send.

ACTIVE VOICE.
INDICATIVE MOOD.
Present Tense.

Singular.		Dual.		Plural.		
ἵημι	ἵης	ἵησι	ἵετον	ἵετον	ἵεμεν	ἵετε	ἱᾶσι, ἱέασι, L. ἱᾶσι, Att.

Imperfect.

| ἵην | ἵης | ἵη | ἵετον | ἱέτην | ἵεμεν | ἵετε | ἵεσαν |
| ἵουν | ἵεις, &c. | | | | | | |

In compound either ἀφίουν, or ἠφίεον: also ἠφίειν: 3 p. pl. ἠφίεσαν.
Future ἥσω. Aor. 1 ἧκα, ἧκας I. Perfect εἷκα, ἕακα Dor. Pluperf. εἵκειν.
comp. ἀνέσει Homer.

Second Aorist.

ἧν		ἕτον	ἕτην		ἕτε	ἕσαν
ἧς						
ἧ						

IMPERATIVE MOOD.—Present.

| ἱέθι, ἵει | ἱέτω | ἵετον | ἱέτων | | ἵετε | ἱέτωσαν |

Second Aorist.

| ἕς | ἕτω | | ἕτον | ἕτων | | ἕτε | ἕτωσαν |

OPTATIVE MOOD.—Present.

| ἱείην | ἱείης | ἱείη | ἱείητον | ἱειήτην | ἱείημεν | ἱείητε | ἱείησαν |

Second Aorist.

| εἵην | εἵης | εἵη | | εἵητον | εἰήτην | εἵημεν | εἵητε | εἵησαν |

SUBJUNCTIVE MOOD.—Present.

| ἱῶ | ἱῇς | ἱῇ | | ἱῆτον | ἱῆτον | ἱῶμεν | ἱῆτε | ἱῶσι |

Second Aorist.

| ὧ | ᾖς | ᾖ | | ἧτον | ἧτον | ὧμεν | ἧτε | ὧσι |

INFINITIVE MOOD.

Pres. ἱέναι, ἱέμεναι D. ἱέμεν I. Second Aor. εἷναι, ἕμεναι D. ἔμεν I.

PARTICIPLES.

Pres. ἱείς, ἱεῖσα ἱέν. Future ἥσων ἥσουσα ἧσον
Aor. 2 εἵς εἷσα ἕν. Perf. εἰκώς εἰκυῖα εἰκός

PASSIVE VOICE.
INDICATIVE MOOD (see τίθεμαι).

Pres. ἵεμαι. Imperf. ἱέμην. Perf. εἷμαι. Pluperf. εἵμην. Fut. ἑθήσομαι.
Aor. 1 ἕθην, εἵθην.

MIDDLE VOICE.
INDICATIVE MOOD.

Present and Imperfect like the Passive.

First Aorist.

Singular.			Dual.			Plural.		
ἡκάμην	ἀσο	ατο		ἀμεθον	ἄσθον	ἄσθην		ἀμεθα	ασθε	αντο

Future.

| ἥσομαι | ῃ | εται | | ὁμεθον | εσθον | εσθον | | ὁμεθα | εσθε | ονται |

Second Aorist.

| εἵμην | εσο | ετο | | εἵμεθον | εσθον | εσθην | | εἵμεθα | εσθε | εντο |
| εἵμην | εἷσο | εἷτο | | | | | | | | |

IMPERATIVE MOOD.

Second Aorist.

| ἕσο | (ἕω, οὗ) ἔσθω | | ἕσθον | ἕσθων | | ἔσθε | ἔσθωσαν |

OPTATIVE MOOD.

Second Aorist.

| εἵμην | εἷο | εἷτο | | εἵμεθον | εἷσθον | εἵσθην | | εἵμεθα | εἷσθε | εἷντο |

SUBJUNCTIVE MOOD.

Second Aorist.

| ὧμαι | ᾗ | ἧται | | ὥμεθον | ἧσθον | ἧσθον | | ὥμεθα | ἧσθε | ὧνται |

INFINITIVE MOOD.

Pres. ἵεσθαι. Fut. ἥσεσθαι. Second Aor. ἕσθαι.

PARTICIPLES.

Pres. ἱέμενος, η, ον. Second Aor. ἕμενος, η, ον.

φημί, I say.

INDICATIVE MOOD.—Present Tense.

Singular.			Dual		Plural		
φημί	φῄς	φησί	φατόν	φατόν	φαμέν	φατέ	φασίν
φαμί	φάς	φατί, D.					
ἠμί	ἦς	ἠσί, A.					

Imperfect.

ἔφην	ἔφης	ἔφη	ἔφατον	ἐφάτην	ἔφαμεν	ἔφατε	ἔφασαν, ἔφαν, I.
	ἔφησθα						
ἦν	ἦς, A.	ἦ, A.					

Future, φήσω, φαυσῶ Dor. Aor. 1 ἔφησα.

Second Aorist.

| ἔφην | ἔφης | ἔφη | ἔφητον | ἐφήτην | ἔφημεν | ἔφητε | ἔφησαν |

IMPERATIVE.—Present.

| | φάθι | φάτω | φάτον | φάτων | φάτε | φάντωσαν |

OPTATIVE.—Present.

| φαίην | φαίης | φαίη | φαίητον | φαιήτην | φαίημεν | φαίητε | φαίησαν φαίεν |

Aorist 1.

| | αις | αι | αιτον | αίτην | αιμεν | αιτε | αιεν |

SUBJUNCTIVE.—Present.

| φῶ | φῇς | φῇ | φῆτον | φῆτον | φῶμεν | φῆτε | φῶσι |
| | φῇσι, I. | | | | | | |

Aorist 1.

| φήσω | φήσῃς | φήσῃ | φήσητον | φήσητον | φήσωμεν | φήσητε | φήσωσι |

INFINITIVE.
Present, φάναι
Aor. φῆσαι

PARTICIPLES.
Pres. φάς, φᾶσα, φάν
Aor. φήσ-ας ασα αν

MIDDLE VOICE
Imperfect Tense.

| ἐφ-άμην | αςο | ατο | άμεθον | ασθην | ἀσθην | ἀμεθα | ασθε | αντο |

IMPERATIVE.
φάσθε

φάσο φάο φάσθω

PASSIVE VOICE.

INFINITIVE.
Pres. φάσθαι

PARTICIPLE.
Pres. φάμενος, η, ον

Perf. Imper. πεφάσθω. Part. πεφασμένος.

ἴστημι, I know.

INDICATIVE MOOD.—Present Tense.

Singular.			Dual		Plural		
ἴσημι	ἴσης	ἴστι	ἴστον	ἴστον	ἴσαμεν	ἴστε	ἴσασι
ἴσαμι	ἴσας	ἴσατι, D.				ἴστε, P.	ἴσαν, ἴσαν, P.

Imperfect.

| ἴσην | | ἴση | ἴστον | ἰσάτην | ἴσαμεν | ἴστε | ἴσαν |

IMPERATIVE MOOD.
Present.

| | ἴσαθι | ἰσάτω | ἴσατον | ἰσάτων | | ἴστε | ἰσάτωσαν |
| | ἴσθι | | ἴστω, &c. P. | | | | ἴστων |

INFINITIVE.
Present, ἰσάναι, ἴσμεν D.

PARTICIPLE.
ἴσας ἴσασα ἴσαν

MIDDLE VOICE.
Present.

| ἐπίστ-αμαι | ασαι | αται | ἀμεθον | ασθον | ἀμεθα | ασθε | ανται |
| | ᾖ, γαι I. | | | | | | |

Imperfect.

| ἐπιστ-άμην | ασο | ατο | ἀμεθον | ασθον | ἀμεθα | ασθε | αντο |
| ἠπιστάμην A. ὠ A. | | | | | | | |

IMPERATIVE.
Present.

| | ἐπίστασο ἀσθω | ἀσθον | ἀσθων | | ἀσθε | ἀσθωσαν |
| | ἐπίστω A. | | | | | |

INFINITIVE.
Present, ἐπίστασθαι.

PARTICIPLE.
ἐπιστάμενος, η, ον

κεῖμαι, I lie.

INDICATIVE MOOD.
Present Tense.

Singular.	Dual.	Plural.
κεῖμαι κεῖσαι κεῖται	κείμεθον κεῖσθον κεῖσθον	κείμεθα κεῖσθε κεῖνται, κέαται, I. κείαται, E.

Imperfect.
ἐκείμην ἔκεισο ἔκειτο, ἐκέατο, I. ἐκέκειτο	ἐκείμεθον ἐκεῖσθον ἐκείσθην	ἐκείμεθα ἔκεισθε ἔκειντο, κείατο, I. κείατο, P.

Future.
κείσομαι, ῃ, ει, κείσεται, D. | ὀμεθα ἐσθον ἐσθον | ονται

IMPERATIVE.
Present.
κεῖσο κείσθω, &c.

OPTATIVE.
Present.
κεοίμην κέοιο κέοιτο, &c.

SUBJUNCTIVE.
Present.
κέωμαι κέῃ κέηται, &c.

INFINITIVE.
Present, κεῖσθαι.

PARTICIPLE.
κείμενος, η, ον.

ἧμαι, I sit.

INDICATIVE MOOD.
Present Tense.

Singular.	Dual.	Plural.
ἧμαι ἧσαι ἧται, ἧσται	ἥμεθον ἧσθον ἧσθον	ἥμεθα ἧσθε ἧνται (ἥαται, εἵαται P. εἵαται I.)

Imperfect.
ἥμην ἧσο ἧτο, ἧστο	ἥμεθον ἧσθον ἧσθην	ἥμεθα ἧσθε ἧντο (ἥατο, εἵατο P. εἵατο I.)

IMPERATIVE.
Present.
ἧσο ἥσθω | ἧσθον ἥσθων | ἧσθε ἥσθωσαν

INFINITIVE.
Present, ἧσθαι.

PARTICIPLE.
ἥμενος.

The compound κάθημαι is more in use than the simple ἧμαι.

Indicative Pres. κάθημαι, ησαι, ηται, &c.   Imperf. { ἐκαθήμην, ησο, ητο, &c.
Imperative Pres. κάθησο, κάθου, &c.   { καθήμην, ησο, ηστο, &c.
Optative Pres. καθοίμην οιο οιτο, &c.   Subjunct. Pres. καθῶμαι, ῇ, ῆται, &c.
Infinitive Pres. καθῆσθαι.   Part. καθήμενος.

Ingram Content Group UK Ltd.
Milton Keynes UK
UKHW020836190423
420422UK00006B/463